괴짜들의 낭만과 풍류

괴짜들의
낭만과
풍 류

구활 수필집

수필과비평사

■ 작가의 말

괴짜들이 없는 세상은 삭막하다.
유머와 위트가 없는 세상은
너무 황량하고 살벌하여
살맛이 나지 않는다.

기인들이 살지 않으면
예술이 죽고 문학이 화장터로
실려가 어둠의 천지가 된다.

구상 시인이 하늘나라
별밭을 지키러 떠나신 지
벌써 이십 년이 지났다

시인을 둘러싼 괴짜 어른들이
펼치다 미처 마감하지 못한

푸닥거리 난장판을
주섬주섬 모아 본 것들이다.

진짜 재미있는 이야기들을
재미없게 쓴 것이 이 글의
장점이자 단점이다.

        2024년 시월
        구활

■ 차례

|작가의 말|

첫째 장
걸레 중광 스님의 학 그림

걸레 스님 중광	12
걸레 스님이 내소사 주지라면	21
걸레 스님의 학 그림	29
구상 시인의 친구들	34
구상 시인의 모자	39
포대령과 시인 구상	46
대구의 협객 주먹화가 박용주	50
나의 스승 조자용 선생님	67
민속학자 조대갈 옹	71

둘째 장
세조의 여자, 덕중이

희대의 멋쟁이 임제	78
반 고흐 연인, 우리들의 크리스틴	82
세조의 여자, 덕중이	87
고깔 벗어 걸러 왔삼네	92
섬마을 비구니의 사랑	96
기차는 돌아오지 않았다	100
산에서 길을 잃어버리고 싶어	105
허리하학 강의	109
검정색 빈방의 그리움	113

셋째 장
퇴계의 에로스 풍류

부석사의 관능	118
단지마다 술이 가득	123
불 꺼진 창과 〈딜라일라〉	128
달빛 냄새	132
머리카락, 그 추억이 새겨진 황홀한 기억	136
퇴계의 에로스 풍류	140
율곡의 아카페 사랑	145
서화담의 수상한 몸짓	150
성자, 마을에 돌아오다	154

넷째 장
발가벗고 소 등 타고 이랴!

겨울 바다의 적막	160
달의 바람기	164
모닥불 호롱낙지	168
누드모델 사하촌 주모	172
발가벗고 소 등 타고 이랴!	175
금강산 장안사 빈 절터	179
치마에 관한 몇 가지 단상	183
곡예사의 첫사랑	187
김광석의 서른 즈음	192

다섯째 장
사랑하다가 죽어 버려라

눈 오는 밤 여관에서 읽는 시	198
몽골 초원에서 듣는 파두	202
무덤 속에 나는 없네	206
벨라폰테의 '쿠쿠루 쿠쿠 팔로마'	210
사랑하다가 죽어버려라	214
강가에서의 귀양살이	218
지족 선사와 동백사 주지	222
돼지국물 선언문	226
참을 수 없는 정조의 가벼움	230

첫째 장

걸레 중광 스님의 학 그림

걸레 스님 중광

#1. 푸닥거리 한판

 남들이 알지 못하는 비화라고 해야 하나? 무슨 은밀한 이야기를 털어놓거나 자랑할 만한 것을 기억으로 갖고 있질 못하다. 내가 훌륭한 사가史家라면 현상 뒤에 숨어 있는 본질까지도 능히 꿰뚫어 볼 수 있는 혜안으로 오늘[現在]에 앉아 어제[過去]와 내일[未來]을 주섬주섬 챙겨가며 입담 좋게 '그런 일들'을 풀어낼 수 있으련만 그러하질 못하다.

 걸레 스님 중광을 저승에서 먼 길을 오시게 하여 푸닥거리 한판을 벌인다면 아주 멋진 이야기가 될 것 같았다. 돌아가신 후 처음으로 벌이는 굿판이어서 질 좋은 고량주와 스님이 평소에 좋아하시던 맛있는 음식들을 진설하는 등 마음속으로 큰상을 차렸다. 물론 우리들의 놀이판에 풍악이 빠지면 안 되겠기에 마음의 귀[心

퇴]로 들어야 들을 수 있는 사물놀이패도 미리 초청해 두었다. 깽마구 치익 칙!

망자와 벌이는 굿판은 어차피 추억이란 낡은 필름을 되돌리는 수밖에 다른 도리가 없다. 옛날을 찍은 사진첩을 펼쳐 놓으니 스님의 얼굴에 화색이 돈다. 스님은 더이상 망자가 아니다. 영가 속의 스님이 웃고 있다. 그러니까 수십 년 세월 저편인 팔십 년대 초 스님과 함께했던 아름다웠던 날들의 기억들을 숨김없이 진열하면 그게 쓸모 있는 읽을거리가 될라나 모르겠다.

#2. 스님의 광기

세인들이 걸레라고 부르는 중광 스님은 사실 행주에 가까운 사람이다. 해진 바지에 누더기 군복이 걸레로 보일 뿐 속은 멀쩡하다. 그의 머릿속은 시심으로 가득하고 가슴은 항상 예술혼으로 불탔으며 몸은 행위예술의 재료로 값지게 쓰일 준비를 완료하고 있다. 멋진 심미안을 지니고 있는 스님에게 걸레라는 칭호는 부당하다. 한 시대를 휩쓸고 지나간 풍류객이다. 정말 걸레 같은 정치꾼들에 비하면 스님의 사고와 행위는 얼마나 정당하고 아름다운가.

다만 승려의 도리인 참선과 염불은 생각날 때 어쩌다 할까 말까 하고 성직자로서 체통을 지키지 못한 죄는 '파계승'이란 족쇄를 차고 평생을 갚아도 모자랄 수도 있다. 그리고 비구로서 마땅히 지켜야 할 계율인, 끓는 피의 외침을 억제하지 못하고 바람난 수캐처럼 돌아다닌 것도 죄라면 죄일 수도 있다. 스님은 그걸 청복이라고 했지만.

나는 스님의 불같이 타오르는 광기를 사랑한다. 스님이 연애를 하든, 잿밥에 관심을 갖든 그런 것은 아무 문제가 되지 않는다. 스님의 동침도반同寢道伴 역을 더러 맡았던 내가 느낀 소회는 '스님은 천재에 가까운 기인'이란 사실이다. 이건 가까이에서 지켜보지 않으면 아무도 모르는 숨은 진실이다.

#3. 멕시코 룸살롱에서

"염불보다는 잿밥"이라더니 스님은 술과 안주는 거들떠보지 않고 아가씨 보살에게만 관심을 기울이고 있었다. 술값을 책임져야 할 대구 사람들은 난감했다. 스님으로부터 그림이라도 한 폭 받아야 그런대로 본전을 건질 텐데 스님은 전혀 생각이 없는 것 같았다.

매직잉크를 쥔 스님의 오른손은 안주쟁반 위에 황칠만 해대고 있어 부아가 치민 나는 황칠 접시를 뺏어 인조대리석 바닥에 쨍그렁! 패대기를 쳐버렸다. 그때서야 정신을 차린 스님은 "저놈이 사람 잡겠네."라고 한마디하고선 그림을 그리기 시작했다.

그리곤 나를 한번 힐끔 쳐다보더니 "넌 엿이나 먹어." 하는 투로 털이 숭숭 난 남성에 잔뜩 풀을 먹여 "옜다!" 하고 나에게 밀어주었다. 그날 밤에 그려 준 그것이 가장 중광적인 그림이었다. 그 그림은 지금도 내 서가의 한쪽 구석에서 면벽 가부좌한 채로 참선 중이지만 빳빳한 풀 기운은 좀처럼 사그라들지 않고 있다. 아마도 스님 것을 닮은 모양이다.

#4. 코코 카페에서

접시를 깨뜨린 사건이 있고 난 후 스님과 부쩍 가까워졌다. 석가와 가섭의 미소처럼 이심전심으로 통한 것일까. 아무 볼일도 없으면서 살짜기 대구로 내려와 "아무도 부르지 말고 둘이서만 마시자."며 술집 여기저기를 돌아다녔다.

한번은 중앙파출소 옆 누드모델 출신이 운영하는 코코라는 술집에서 '카페 등불 아래 밤드리 노닐다' 보니 밤이 너무 깊어졌다. 카페의 여주인이 맘에 들었는지 아무리 숙소로 돌아가자고 해도 막무가내였다. 우리 자리는 삐걱 계단 위의 이층 구석이었는데 스님은 오줌이 마려우면 아래층 변소로 내려가지 않고 제자리에서 질금거렸다.

'혼자 가라.'는 사인을 여러 번 받고 스님을 버려두고 그냥 집으로 와 버렸다. 카페 주인도 시달리다 못해 문을 밖에서 잠그고 퇴근해 버리자 스님은 기나긴 겨울밤을 꼬박 혼자서 샜다. 이른 아침 주인이 일러주는 대로 퇴근할 때 문틈에 끼워둔 열쇠로 문을 따고 들어서니 "야, 임마. 추워 죽겠어. 해장국집에 빨리 가자."며 고함을 질러댔다.

　나중 이 이야기를 구상 시인과 김종규 회장(한국박물관협회장) 등이 함께 모인 자리에서 한 적이 있다. 그랬더니 김 회장은 "스님은 내 승용차 안에서도 오줌을 여러 번 쌌어."라고 말하며 "스님은 걸레를 오줌에 헹군 사람이야." 하고 흉을 보았다.

#5. 운문사 선방에서

　어느 해 초여름. 스님이 사진가 김태선 씨와 함께 '우리 집에서 하룻밤을 주무시겠다.'며 대구로 내려오셨다. 스님은 오자마자 옷을 훌훌 벗어 던지고 러닝셔츠와 팬티 차림으로 집안 여기저기를 기웃거렸다. 스님의 러닝셔츠는 젖 가슴팍을 가위로 도려내어 마치 브래지어를 걸치고 있는 것처럼 보였다. 우리 집 아이들도 스님이 그러시고 다니는 모습이 신기한지 뒤를 졸졸 따라 다녔다.
　이튿날 아침 운문사로 향했다. 운문사에서의 볼일이 무엇인지도 모르고 나는 운전대를 잡고 수행을 맡게 되었다. 어느 비구니 스님의 자색이 뛰어나다는 소문을 듣고 그 스님을 만나는 게 목적인 것 같았다. 우리는 스님의 방으로 안내되었다. 그 스님은 머리를 깎고 승복을 입은 무슨 영화에 출연하는 미스 코리아 출신 배우처럼 예뻤다. 마침 점심시간이어서 밥상이 방으로 들여졌지만 스님은 언제나 그랬던 것처럼 공양에는 관심이 없었다. 오로지 그 비구니 스님만 쳐다보면서 호감 살 만한 이야기들을 밑도 끝도 없이 풀어놓았다.

그 비구니 스님은 아무도 쉽게 범접할 수 없는 위엄과 카리스마를 지니고 있었다. 스님이 열심히 무엇을 이야기해도 그냥 웃기만 하는 품새가 "난 스님의 속마음을 다 읽고 있어요."라고 대답하는 것 같았다. 그 후에도 스님과 단둘이서 운문사를 찾았지만 관심과 무관심의 대결은 걸레 스님의 완패로 끝나고 말았다. 나는 지금도 비구니 스님의 법명을 기억하고 있지만 이 자리에서 밝힐 수는 없다.

#6. 감로암 법당 앞에서

동대문 옆 충신동 15번지 감로암은 중광 스님이 살던 곳이다. 프레스센터에서 열리는 언론인 세미나에 참석하기 위해 서울로 올라오는 길에 먼저 스님이 계시는 감로암부터 들르기로 했다. "스님, 오늘 서울 가요. 술상 좀 봐 나요." "그래, 알았어. 오는 길은 알지?"

마침 세종문화회관에서 열리는 로댕전도 볼 겸 오후 세 시 경 친구 둘을 데리고 감로암에 도착했다. 부엌의 가마솥에서는 대병 청주 두 병이 끓는 물속에서 따끈하게 데워지고 있었다. 아니나 다를까 법당 앞 술상에는 연화대에 점잖게 앉아 계시는 부처님조차 항마촉지인을 풀고 '맛 좀 보았으면' 싶은 조기찜이랑 여러 가지 안주들이 기다리고 있었다.

스님이 길에서 만나 어머니로 모시는 혜련 스님이 옆에 앉아 "저

놈이 너희 집에 가서 애를 많이 먹였다면서?"라고 말씀하시면서 내 손을 꼭 잡아 주셨다. 우리는 입가심으로 맥주까지 마신 후 스님과 함께 종로 2가에 있는 로망스라는 카페로 밀고 나왔다. 몸을 술에 흥건하게 담갔다 빼내 보니 젖은 빨래 꼴이었다.

　감로암을 다녀온 후 친구 중에 누가 "어느 절에 갔더니 스님이 공양을 대접하면서 곡차까지 따라 주더라."는 자랑을 하면 나도 모르게 빙긋 웃음이 나온다. "법당 부처님 앞에 술상 차리고 조기찜 머어('먹어'의 안동 사투리) 봤어. 부처님 코앞에서 청주 마시며 삼겹살 머어 봤어?" 요즘도 답사 여행 중에 법당 앞에 서면 한 상 잘 차려 스님을 모시고 술을 마시고 싶어진다. 아마 이 병은 죽기 전에는 낫지 않을 것이다.

7. 청호장 여관에서

　동아쇼핑에서 〈걸레 스님 중광〉이란 연극이 무대에 올려졌다. 주최 측에서 스님에게 개막 무대 인사를 부탁한 모양이다. 그동안 스님이 대구에 오실 때마다 그림 한두 점씩 내게 갖다 주시면서 "이건 너 줄려고 정신 들여 그린 거야."라고 말씀하셨다. 그러나 그림이 내 맘에 들지 않아 가까운 친구들에게 나눠줘 버렸다. 스님은 자신의 그림이 명품 대접을 못 받는 데 대한 불만을 자주 털어놓았다. "야, 넌 그림 볼 줄도 그렇게 모르냐?" 그래도 나는 끝까지 버텼다. "잘 좀 그려 봐요."

스님은 내려오시기 전에 전화로 "그래, 그림 제대로 한번 그려보자. 히끼시(배접을 미리 해둔 화선지)를 백 장쯤 사 놓아라."는 주문이 있었다. 그러나 대구 시내 화방을 모두 뒤져도 서른 장밖에 구하지 못했다. 그날은 술집에 들르지도 않고 여관으로 직행했다. "어떤 그림을 그려야 네놈 마음에 들겠느냐."면서 "화선지를 빨리 펴라."고 야단이었다.

   그림은 쉽게 풀려 나오지 않았다. 소주와 맥주를 마시다 중국집에서 배달시킨 고량주를 마셔도 NG만 날 뿐 그림 같은 그림은 그려지지 않았다. 자정이 지나고 새벽 두 시가 넘어섰다. 무엇에 화들짝 놀란 듯 갑자기 일어난 스님은 붓끝을 세워 한 일자를 긋더니 다시 붓을 눕혀 밑으로 내리그었다. 그런 다음 네 개의 점을 찍고 나니 한 마리 학이 비상할 준비를 하는 것 같았다. 포스트 칼라의 붉은색을 학의 머리와 꽁지에 찍으니 영락없는 홍학이었다. 정말 걸작이었다. 스님이 그린 그림 중에 최고 작품이었다. "스님 그대로 계속 그려요. 진작 이렇게 그리지요." "똥강아지 같으니, 넌 뭘 좀 알아."

   스님이 그날 밤 그린 학은 표구가 되어 우리 집에서 이십수 년을 살았다. 막내아들이 "아부지, 이 학을 타고 미국에 갔다가 엄마 보고 싶을 때 다시 타고 오면 안 될까요." 하고 보채길래 스님이 나에게 하듯 "옜다." 하고 주어 버렸다. 우리 집에는 풀이 빳빳하게 먹여진 룸살롱 쟁반에 그려진 고추 그림밖에 없다.

걸레 스님 중광

#8. 스님을 그리워하며

 스님의 몸이 편찮아 한때 전두환 대통령이 귀양(?)가서 머물렀던 설악산 백담사 선방에서 요양 중이란 소식을 풍편에 들었다. 하루는 큰맘 먹고 백담사로 올라갔다. 스님 곁에서 하룻밤 자고 대청봉으로 오를 계획이었다. 공양간으로 찾아가 보살님에게 스님 안부를 물었더니 "일주일 전에 서울 곤지암 쪽으로 떠나셨어요."라고 했다. 맥 풀린 다리로 대청봉에 올랐다가 당일치기로 오색으로 내려왔다. 스님과의 이승에서의 인연은 그것이 마지막이었다. 나중에 저승에서 만나면 하직 인사도 제대로 하지 못해 뵈올 낯이 없을 것 같다.
 구상 시인은 중광 스님의 화집 《더 매드 몽크》(The Mad Monk)에 이렇게 썼다. "오늘의 예술가 일반은 시적이긴 해도 시인이 아니다. 그중에서도 중광은 시인이다. 시가 표현 이전에 존재하듯 중광의 그림은 언어 이전의 시다." 시인의 멋진 추모사다.
 최근 계명대에서 열리고 있는 중국 국보전에 테이프 커팅을 하기 위해 대구로 내려오신 김종규 회장에게 "중광 스님과 함께 오시지 왜 혼자 오셨어요."라고 농을 걸었다. 그랬더니 "글쎄 말이야. 나도 많이 보고 싶어. 우리 다시 만나면 승용차를 아예 요강으로 내줘버리지." 하고 빙그레 웃으셨다. 정말이지 나도 스님이 보고 싶다.

걸레 스님이 내소사 주지라면

좋은 사찰은 좋은 스님을 만나야 한다. 스님 또한 좋은 도량에서 공부해야 깨우침에 쉽게 이르게 된다. 가람은 좋은데 이에 걸맞은 스님을 만나지 못하면 항상 삼류 절집 신세를 면하지 못한다. 그러나 절은 시원치 않아도 기품 있는 스님이 차고 앉으면 그 공덕으로 사찰의 품격은 높아지고 품새는 더욱 넉넉해져 신도들로부터 우러름을 받게 되는 것이다.

그간 다녀온 절을 머릿속에 그리자니 너무나 선명하게 떠오르는 곳이 있는가 하면, 어떤 사찰은 이름은 알아도 형체가 얼른 떠오르지 않는 곳도 있다. 작정하고 떠난 석 달 보름간의 문화유산 답사 기간 중 무려 백여 개가 넘는 사찰을 둘러보고 열심히 사진 찍고 메모하는 것을 게을리하지 않았다. 그러나 한아름이나 되는 사진들을 늘어놓고 정리하다 보니 길 잃고 제목을 잃어버린 대웅전이 수십 개가 넘었다. 아이구, 부처님 보기 민망해라.

전북 부안에 있는 내소사는 내 의식 속에 너무나 또렷하게 각인되어 있다. 몇 번 본 영화처럼 화면의 바탕은 대웅보전의 꽃 창살이 화면에 깔리면서 '내소사來蘇寺'란 글씨가 컴퓨터 그래픽에 의해 사방에서 튀어나와 복판의 정점으로 밀려들다 다시 밖으로 페이드아웃된다. 그러다가 일주문에 붙여져 있는 '능가산 내소사'란 횡액이 전나무 숲길을 가로질러 달려와선 대웅보전의 길게 늘어뜨린 쇠서를 핥는 듯하다가 팔작지붕을 휘돌아 이웃 봉래루로 넘어간다.

그러니까 가만히 생각해 보니 내소사는 〈퐁네프의 연인들〉이란 프랑스 영화처럼 재미있다. 아니다. 내소사 자체가 프랑스 영화다. 여주인공 미셸(쥴리엣 비노쉬)은 왼쪽 눈을 안대로 가린 시력을 잃어가는 화가였다. 그녀는 모든 것을 놓아버려 더 잃을 것이 없는 상태로 센느 강변의 퐁네프 다리 부근을 헤매고 다녔다.

내소사의 주지스님도 영화처럼 재미있는 그런 스님이었으면 좋겠다는 생각에 미치자 나는 한참 잊고 있었던 걸레 스님 중광이 생각났다. 스님도 사미계를 받은 흔적이 팔뚝에 흉터로 남아 있지만 승려로서의 계율을 무시해버리고 세계를 떠돌아다녔다. 영화 속의 미셸과 중광 스님의 이미지가 그렇게 닮을 수가 없다.

정말 중광 스님이 내소사를 맡는다면 절집은 약간 개판이 되겠지만 하나의 이벤트 사찰로서 괜찮을 것 같았다. 〈퐁네프의 연인들〉이란 영화가 말이 필요 없는 영상으로만 끌고 갔어도 대성공을 거둔 것처럼 중광 스님이 염불과 목탁을 던져버리고 분탕질만 쳐도 신도들은 법당 가득 몰려들었을 것이다. "내소사의 주지는 중광 스님이다."란 가설을 세우고 나니 기발한 생각을 하게 된 내가 무척 대견하고 기특해 보였다.

  1980년대 중반이었던가. 서울 동대문 옆 감로암에 살고 계시는 걸레 중광 스님으로부터 전화가 왔다. "야, 난데, 오늘 대구에 내려갈 건데, 너희 집에서 잘 거여." 목소리만 들어도 중광스님인 줄 뻔히 알겠는데 "난데가 누구여?" 하고 능청을 떨었다. "너 네 형님도 몰라? 똥강아지 같으니." "난 형님이 없는 데유." "오후 3시 40분에 도착할 거여, 알았지?" 찰칵하고 전화를 끊어 버렸다.

  중광 스님은 김태선 선생과 함께 동대구역에 내렸다. 김태선 선생은 건축학도였다. 그는 뉴욕에서 건축을 전공하다 무심결에 사진에 빠져 열심히 카메라 공부를 하던 중 어느 날 길거리에서 걸레 스님을 만났다고 했다. 흔히 사랑이 그렇게 오듯 김 선생은 중광 스님을 보는 순간 "바로 이 사람을 찍어야 해." 하고 그 자리에서 얼어붙어 버렸다. 중광 스님 또한 공짜 카메라맨이 제자로 따라붙는 게 싫지 않아 미국에서의 볼일을 대충 끝내고 아프리카 여행까지 함께했다고 한다.

  중광 스님이 우리 집 앞에 도착하자 동리 사람들이 금방 모여들었다. 어떤 사람은 "영화를 찍더라."고 소문을 낸 사람들의 행렬은 좀처럼 줄어들지 않았다. 집 안으로 들어온 중광 스님은 러닝셔츠와 팬티 바람으로 오만 구석을 뛰어다녔다. 스님의 러닝셔츠는 젖가슴팍을 칼로 도려내어 마치 브래지어를 걸치고 있는 것 같았다.

우리 집 아이들은 스님이 그러고 다니시는 게 신기한 듯 졸졸 뒤를 따라 다녔다. 그러나 접대를 해야 하는 아내는 눈 둘 곳이 없어 애를 먹었단다. 내소사를 말하려다 얘기가 잠시 옆으로 빗나갔다. 내소사를 이야기하기 전에 미당 서정주 시인의 〈내소사 대웅전 단청〉이란 시 한 편을 읽어보자.

(전략)
이 대웅보전을 지어놓고 마지막으로 단청사를 찾고 있을 때,
어떤 해 어스름 제 성명도 모르는 한 나그네가 서西로부터 와서
이 단청을 맡아 겉을 다 칠하고 보전 안으로 들어갔는데, 문고
리를 안으로 단단히 걸어 잠그며 말했었다.
"내가 다 칠해 끝내고 나올 때까지는 누구도 절대로 들여다보
지 마라."
그런데 일에 폐는 속에서나 절간에서나 언제나 방정맞은 사람
이 끼치는 것이라, 어느 방정맞은 중 하나가 그만 못 참아 어느
때 슬그머니 뚫어진 창구멍 사이로 그 속을 들여다보고 말았다.
나그네는 안 보이고 이쁜 새 한 마리가 천장을 파닥거리고 날아
다니면서 부리에 문 붓으로 제 몸에서 배어나는 물감을 묻혀 곱

게 곱게 단청해 나가고 있었는데, 사람 기척에

"아앙!"

소리치며 떨어져 내려 마룻바닥에 납작 사지를 뻗고 늘어지는 걸 보니, 그건 커어다란 한 마리 불호랑이였다.

"대호 스님! 대호 스님! 어서 일어나시겨라우!"

중들은 이곳 사투리로 그 호랑이를 동문 대우를 해서 불러댔지만 영 그만이어서, 할 수 없이 그럼 내생에나 소생하라고 이 절 이름을 내소사라고 했다.

(후략)

이 산문시에 적혀있는 씹으면 씹을수록 곰삭은 맛이 나는 이 내소사 이야기는 '삼라가 모두 미완'이란 메시지를 강하게 전하고 있는 것 같다. 내소사는 법당 안의 빈 단청 얘기만으로 '완결치 못한 허무'의 얘기를 끝내지 않는다. 내소사 법당 안 천장 밑에 다포를 이루고 있는 공포, 쉽게 말하면 장식으로 끼워놓은 목침만 한 나무토막 하나가 빠져있는 것이 이 절의 허무와 미완을 완결한다. 조선조 인조11년(1633) 청민 선사가 절을 중창하면서 유명한 목수 한 사람을 데려온다. 그는 3년 동안 절은 짓지 않고 목침같이 생긴 나무토막만 깎고 또 깎았다.

언제나 일을 낭패시키는 건 절에서나 속에서나 방정맞은 자의 소행이기도 하지만 장난기 많은 동자 스님 하나가 목수가 정성 들여 깎아 놓은 목침 한 개를 감추어 버렸다. 다포로 엮을 목침 깎기를 마친 목수가 숫자를 세어보니 한 개가 부족했다. 목수는 자신의 실력이나 신심이 절을 짓기에 합당치 않다고 생각하고 포기하려 했다. 이때 동자승이 감춰 뒀던 나무토막을 내놓지만 부정을 탄 물건은 쓸 수 없다 하여 결국 한 토막은 미완으로 비워두고 법당 짓기를 끝냈다고 한다.

지금도 내소사를 찾는 사람들이 참배는 하지 않고 "뭣이라 그게 어디에유." 하고 물을라치면 법당을 지키고 있는 보살님은 "들어와서 참배나 하고 저기를 봐유." 하고 퉁명스럽게 대답한다. 그러면서 한술 더 떠 "사진 찍지 말아요." 하고 한마디 더 보탠다. "젠장, 법당 안에서 사진 좀 찍으면 단청이 닳나. 서까래가 썩나." 이런 불평들이 입 밖으로 쏟아질 듯하지만 꾹 참고 보살님이 보는 앞에서 돈 몇 푼을 불전함에 넣고 돌아서서 카메라 플래시를 터트리니 보살님은 봐도 못 본 척 벌써 부처님 마음이 다 되어 있었다.

중광 스님은 내가 근무하는 신문사에 자주 드나들었다. 스님은 그날 서울로 올라가면서 "감로암에 와서 애 한번 먹여 봐." 하곤 훌쩍 떠나버렸다. 얼마 지나지 않아 서울 프레스센터에서 열리는 세미나에 참석할 일이 생겼다. 중광 스님이 던지고 간 "애 한번 먹여 봐."란 말씀이 생각나 스님에게 전화를 걸었다. "스님, 나 오늘 서울 가요. 술상 좀 챙겨놔요." "알았어. 마중은 안 나가도 되겠지."

전라북도 부안군 진서면 석포리에 있는 내소사에 들를 때마다 나는 왜 중광 스님이 내소사의 주지스님이 되었으면 좋겠다고 생각했을까. 중광 스님의 승적을 박탈하고 종단에서 쫓아낸 조계종의 간부들이 알았다면 가당치도 않다면서 고개를 절레절레 흔들테지만 나는 동의하지 않는다. 하기야 내가 동의하고 안하고 간에 대세에는 아무 변화가 없겠지만 나의 생각은 요지부동이다.

그것은 내소사가 미완이어서 공허하고 중광 스님 또한 견성성불 이전에 완성되지 못해 공허한 것은 같은 이치다. 내소사의 단청 한 부분이 비어 있고 다포 집의 나무 한 토막이 끼워져 있지 않다고 해서 어느 누가 내소사의 아름다움에 험담을 늘어놓을 수 있단 말인가. 사람이나 물건이나 모든 삼라는 어느 한쪽이 비어 있는 미완일 때가 진정으로 아름다운 것이지, 완성되어 있다는 사실 자체가 오히려 불편하고 불결할 것 같다.

'비어 있음'이란 허虛의 상태를 기하학적인 공간으로 이해해서는 안 된다. 더욱이 곳간이 비어 있는 양적 부족 개념으로 받아들여선 더더욱 안 된다. 그래서 노자의 《도덕경》에도 '스스로 그러하다.'는 자연自然도 '허'를 유지한다고 하지 않았는가. '허'야말로 자연과 더불어 인간의 언어가 멈추는 곳인 무칭지언無稱之言이나 궁극지사窮極之辭 부근쯤에 존재하는 것이 아닐까.

내소사의 단청이 빠져있는 빈 공포를 보고 웃고 그 공포는 미완의 중광 스님을 향해 박장대소하고 그래서 중광 스님은 단청과 공포 앞에 서서 꽉 찬 충만의 허구와 위선을 발기발기 찢어 놓을 수만 있다면. 저승 선방에서 동안거에 들어 있는 걸레 중광 스님이 내소사 주지로 내려오신다면 얼마나 좋으랴. 흔히 화두는 불가능한 것들의 집합이라고 말한다. 내가 들고 있는 화두 역시 염불로는 해결하지 못하고 맨날 이 모양 이 꼴로 버티고 있다.

걸레 스님의 학 그림

우리 집에는 걸레 스님 중광이 그린 남성의 성기 그림이 치부를 가릴 양으로 면벽 가부좌하고 장식장 한켠에 앉아 있다. 그림이 잘 있는지 궁금하여 돌려 보면 아직 수행이 모자라는지 풀기가 사그라지지 않고 뻣뻣하여 견성성불할 가망은 도저히 없을 것 같다. 대구의 '멕시코'란 룸살롱의 큰 안주 쟁반에 매직잉크로 쓱쓱 그린 이 그림은 "너, 엿이나 먹어라."는 표정으로 온종일 염불 대신 욕이나 하면서 그렇게 앉아 있다.

어느 봄날, 시인 구상 할아버님이 전화를 주셨다.

"응 그래, 잘 있지? 이따 다섯 시쯤 동대구역에 내려 전에 갔던 한정식 집으로 갈 거야. 퇴근해서 걸루 와."

할아버님은 무슨 행사에 참석하시기 위해 김수환 추기경, 조각가 문신 선생 내외, 그리고 중광 스님과 함께 열차 편으로 대구에 오셨다. 추기경님은 바로 천주교 교구청으로 들어가시고 남은 분들끼리 미리 정해둔 음식점으로 오셨다.

대구에선 필자 등 3명이 참석, 오랜만에 반가운 안부를 주고받으며 반주를 겸한 화기애애한 저녁 식사를 즐기고 있었다. 그런데 중광 스님만 뒤가 급한듯 화장실 문 앞에서 동동거리며 안절부절못하고 있었다. "스님, 약속이 있어요? 왜 그리 조급증을 내세요?" "그래, 임마. 빨리 끝내고 나가자."

술을 좋아하시는 할아버님이지만 건강 때문에 안 떨어지는 발걸음으로 문신 선생 내외와 함께 숙소로 들어가셨고, 우리는 걸레 스님을 깃발처럼 앞세우고 맥시코로 진군했다. 술집 입구에는 묘령의 아가씨 보살이 스님을 기다리고 있었다. "아하, 그랬었구나. 스님의 불알에 요령 소리가 난 게 바로 이 보살 때문이었구나."

아가씨 보살은 대구 마산 간 고속버스의 승무원이었다. 요즘은 인건비를 줄이기 위해 안내양을 두지 않지만 그때는 비행기 스튜어디스보다 더 이쁜 아가씨들이 안내를 맡고 있었다. 일전에 스님이 마산에서 대구로 올라오면서 이 보살을 만났고 그때 찍어둔 눈맞춤이 오늘 결실을 이룬 듯했다.

"염불보다는 잿밥"이라더니 중광 스님은 술과 안주는 거들떠보지 않았다. 오로지 옆에 앉아 있는 아가씨 보살에게만 관심을 기울이고 있었다.

그러나 술값을 책임져야 할 대구 사람들은 본전 생각이 간절했다. "스님으로부터 그림이라도 한 점 그려 받아야 할 텐데…." 모두가 그렇게 생각했고 멕시코 주인도 "이 기회에 나도 덤으로 끼어 그림 한 점을 받아야지…." 아마 그렇게 생각하고 있었을 것이다.

이럴 땐 눈짓만이 최고의 언어였다. 내가 두 손으로 동그라미를 그리며 두께까지 정해 줬더니 주인은 사기 쟁반을 한아름 들고 와 스님 앞에 쌓아 놓았다. 그러나 스님은 우리의 바람을 속으로 짐작은 하면서도 시치미를 떼고 있었다. 그러면서 숨바꼭질의 술래가 된 듯한 손은 아가씨의 젖무덤을 더듬거리느라 보이지 않았다. 한참 후에 "그래, 무슨 그림을 그리면 좋을까?" 하고 자세를 곧추세우며 그림 그릴 준비를 하기 시작했다.

스님은 석가모니 얼굴에 예수의 가시 면류관을 씌운 그림을 H씨에게 그려주었고, K씨에겐 달마 선사를, 멕시코 주인에겐 해바라기를, 그리고 접시를 박살 내버린 내겐 '엿' 대신에 털이 숭숭 난 남성에 빳빳하게 풀을 먹여 "옛다!" 하고 나에게 던져 주었다. 내가 받은 그림이 가장 중광적이란 걸 받는 순간에 알아차렸다.

그 일이 있고 난 뒤 스님과 나는 석가모니와 가섭존자의 미소처럼 이심전심으로 통했는지 대구에 내려올 때마다 "아무도 부르지 말고 우리 둘이서만 마시자."고 하여 술집 여기저기의 재미있는 구석만 찾아다녔다. 한번은 중앙파출소 옆 누드모델 출신이 운영하는 '코코'라는 카페에서 서라벌 사람 처용처럼 '카페 등불 밝기다래 밤드리 노닐다'보니 밤이 너무 깊어졌다.

술기가 거나하게 오르자 스님은 그 카페의 주인처럼 행세했다. 내가 "이제 그만 마시고 숙소로 들어갑시다."라고 아무리 졸라도 막무가내로 버티었다. 스님이 눈짓으로 혼자 가라는 눈치를 주기에 "무슨 꿍꿍이 일을 저지르려고 저러나 봐."라고 짐작하고 혼자 집으로 와버렸다. 일은 그때부터 시작됐다. 카페의 진짜 주인이 스님에게 "영업시간이 끝났다."고 일러도 들은 척 만 척하더라는 것. 그래서 주인은 밖에서 문을 잠그고 퇴근을 해버리자 스님은 긴긴 겨울밤을 혼자 갇혀 지내다 새벽녘에 겨우 풀려난 적도 있다.

나는 스님에게 고분고분하게 굴지 않았다. 스님의 행동이 못마땅하면 때론 욕도 하고 그러다가 기분이 좋아지도록 달래기도 했다. 스님은 그러는 내가 좋았던지 대구에 올 때마다 "이건 너 줄려고 정신 들여 그린 거야."하며 춘화에 가까운 선화를 여러 장 주셨다.

그러나 그림들은 내 맘에 들지 않았다. "좀더 잘 그릴 수 없어요?"라고 말하면 "야, 넌 그림을 그렇게 볼 줄도 모르냐"고 안타까워했다. 스님이 주신 그림들은 내가 신세 진 친구들에게 나눠줘 버렸고 정작 나는 스님의 그림을 갖지 않았다.

하루는 동아쇼핑 5층에서 〈걸레 스님, 중광〉이란 연극을 하는데 무대 인사를 해야 한다며 대구에 내려오셨다. 볼일을 대충 마친 후 술집에 들르지도 않고 바로 여관으로 들었다. 그리고는 한다는 말씀이 "오늘은 진짜 마음먹고 한번 그려 보자. 어떤 그림을 그려야 까다로운 네놈 맘에 들겠노." 하시며 전화로 내게 "미리 준비해 두라."고 얘기한 '히끼시'(배접을 미리 해 둔 화선지)를 빨리 꺼내라고 야단이었다.

　스님은 사들고 간 소주와 맥주를 마시면서 그림을 그리기 시작했지만 마음먹은 대로 그림은 풀려나오지 않았다. 중국요리와 고량주를 시켜 마셨지만 아까운 화선지만 자꾸 버릴 뿐 그림은 제대로 그려지지 않았다.

　자정이 지나고 새벽 두 시가 넘어섰다. 무엇에 화들짝 놀란 듯 일어난 스님은 붓끝을 세워 한 일자를 그리더니 다시 붓을 눕혀 바로 내려그었다. 그런 다음 아무렇게나 네 개의 점을 찍고 나니 한 마리 학이 비상할 준비를 하는 것 같았다.

　스님이 포스트칼라 붉은색을 학의 머리와 꽁지에 찍으니 영락없는 홍학이었다. "이제 됐어. 그림이 나오기 시작하는구면." 어깨너머로 봐도 정말 걸작 명화였다. 스님은 연거푸 서너 장을 그리더니 "야 임마, 인제 맘에 드나?"라고 말했다. 나는 머쓱하여 머리를 긁고 있다가 "스님 진짜 한 수 하네요."라고 대답하니 스님은 "똥강아지 같으니…" 하고 중얼거렸다.

　어제는 하도 심심하여 장식장 안에서 면벽 가부좌하고 앉아 있는 '쟁반 속의 남성'을 끄집어내 스님의 학 그림 밑에 앉혀 보았다. 그랬더니 학은 끼들끼들 웃으면서 바짝 물오른 남성을 다리 사이에 차고 중광 스님이 먼저 가 계시는 하늘나라 저 멀리로 날아가 버렸다. 이 세상에는 이제 내 혼자 허허롭게 앉아 있다.

구상 시인의 친구들

괴짜들이 없는 세상은 삭막하다. 유머가 없고 웃음이 없는 세상을 상상해 보라. 얼마나 황량하고 살맛이 없는지를. 기인들이 살지 않는 이 세상은 바로 예술이 죽고 문학이 화장터로 실려 가는 어둠의 천지가 될 것이다.

구상 시인은 어느 산문에서 "기인이 살지 않는 세상은 적막하다."고 전제하고 한 시대를 괴짜로 살다 간 포대령 이기련의 이야기를 끄집어낸 적이 있다. 이기련은 경성제국대 법과 출신으로 우리나라 포병을 창설했던 현역 대령이었다. 포대령은 가문과 학벌이 튼튼했지만 타고난 대자유인의 기질을 주체하지 못했다. 군문을 벗어나면 대구 시내 감나무 집, 말대가리 집 등 막걸리 집을 돌아다니며 문인묵객들과 격의 없이 사귀었다.

한국동란 당시에는 포병부대 대대장으로 헌병대장과 의견 충돌로 권총을 빼 들고 서로 싸우기도 했다. 그리고 전역한 뒤에는 남문시장의 길거리 배추 장사로 변신한 못 말리는 기인이었다. 1952년 초겨울 구상 시인과 어느 막걸리 집에서 처음으로 만나 통성명을 하는 순간 괴짜가 괴짜를 서로 알아보고 말을 터는 사이가 돼 버렸다.

포대령은 마당발인 구상 시인의 상대역으로 양洋의 동서東西를 넘나들며 구수한 입담으로 이야기를 풀어놓는 그야말로 인간 안주였다. 그가 구상 시인과 술친구가 되고부터 대구로 피난 왔던 김팔봉 장덕조 김광섭 등 서울의 내로라하는 문인들이 합세하여 암담하고 처참했던 전쟁 통의 울분을 씻을 수 있었다. 그는 구상 시인과 마주앉으면 여러 얘기들을 늘어놓다가 수심가를 영어 버전으로 불러젖혀 좌중을 압도하곤 했다.

그가 군에 있을 때 이런 꿈을 꾸고 있었다. 그건 괴짜들이 능히 이룰 수 있는 꿈이었다. 장군으로 진급하면 지프 대신 양조장에서 막걸리 통을 배달하는 짐 자전거에 별 판을 달고 출퇴근하겠다고 호언장담하고 다녔다. 그러나 그는 장군 진급은 하지는 못했다.

이렇듯 구상 시인은 포대령 외에도 기인이자 천재화가였던 이중섭을 친구로, 보호자로 끌어안았고 또 다른 괴짜인 깡패이자 춘화 전문 화가인 박용주와는 서로 시인과 깡패라는 호칭을 바꿔 부를 만큼 우의를 돈독하게 유지했다. 이런 기인들을 알아보고 그들 속에 잠재해 있는 능력과 매력을 끄집어 낼 수 있는 의인이 있었기에 전쟁으로 암담하고 불우했던 시대에도 크게 한 번씩 웃을 수 있었던 것이다.

괴짜들은 이 세상을 밝게 한다. 그런 괴짜들이 세상 곳곳에 묻혀 있으면 스스로 빛이 난다. 그들의 수가 많으면 많을수록 세상은 행복해지고 가난 속에서도 방글라데시 국민들처럼 행복지수는 올라간다. 괴짜들은 옆사람을 억압하지 않고 그냥 서 있어도 달동네 담벼락에 그려진 벽화처럼 넉넉하고 푸근하다.

당나라 유학을 포기하고 서라벌로 돌아온 원효는 조롱박을 차고 춤을 추면서 "자루 빠진 도끼를 나에게 달라. 내가 자루가 되어 그 도끼로 하늘을 떠받칠 기둥을 깎겠다."고 외치고 다닌 기인이었다. 태종무열왕 김춘추는 원효의 사람됨과 그 뜻을 얼른 알아차리고 전쟁을 치르는 동안 그를 요석궁에 연금시켜 딸인 요석공주의 품에 안기도록 만들었다. 괴짜들이 만들어 가는 세상은 바로 이런 것이다.

원효 외에도 근세로 들어오면 기행의 교과서로 불리는 경허 스님을 비롯하여 만공 한암 혜봉 효봉 경봉 스님 등이 기행 속에서 도를 깨쳐 오늘의 불교 중흥을 이룩하지 않았는가. 따지고 보면 불교는 윗대 선사들의 기행으로 이룩한 종교인지도 모른다.

혜림사에 머물던 단하는 추위를 이기지 못하고 법당의 목불을 도끼로 잘게 쪼개 군불을 땠으며 소요는 진흙 소로 달빛을 쟁기질한 시인이었다. 경통은 자기 몸에 불을 붙여 스스로를 화장했고 청활은 자기 시신을 산짐승의 먹이로 내주었다. 지한도 걸어가면서 죽는 시범을 보인 괴짜 중의 괴짜들이다. 그러나 이들이 세상을 어지럽게 하지 않았다.

지금 우리 사회는 괴짜들이 양성되고 자랄 수 있는 자양분이 고갈된 상태다. 평등을 표방하고 힘겹게 달려온 고교평준화가 차별화로 치닫고 있고 기존 인습을 벗어나지 못한 알량한 상상력만 평준화가 이뤄져 독창성이 없어졌다. 괴짜들의 행위와 생각은 바로 독특이며 독창이다. 예술 전반에 아무리 발상의 전환을 외쳐 봐야 엔진 기어가 꼼짝 않고 있으니 아름다운 상상력은 제자리걸음만 할 뿐이다.

학문 예술 스포츠 등 전 분야에 더 많은 괴짜들이 양산되어야 한다. 괴짜 학자들이 만들어 낸 줄기세포에 뿌리가 나야 하며 문학 음악 미술 분야에서도 괴짜들의 신선한 출현이 있어야 한다. 프랑스의 비구상 공모전에 그림이 아닌 물감이 덕지덕지 묻어 있는 팔레트를 출품하여 입상한 신선한 아이디어가 빛을 보는 세상이다. 마르셀 뒤샹은 젊은 시절 'R. Mutt'라는 제조업자가 만든 남성용 소변기를 깨끗하게 닦아 〈샘〉이란 명제를 달아 뉴욕 독립미술관 전시회에 출품하여 미술계를 발칵 뒤집어 놓은 적이 있다. 또 죽은 마릴린 먼로를 캔버스에 되살린 앤디 워홀과 행복한 눈물 한 방울을 그려 엄청난 돈을 받고 삼성가 리움미술관에 넘긴 로이 리히텐슈타인에게 배워야 한다. 그들은 화가 이전에 톡톡 튀는 아이디어를 가진 괴짜들이었다.

  비단 예술계에만 위대한 상상력의 소나기가 필요한 것은 아니다. 세계를 지배하는 빌 게이츠와 스티브 잡스는 물론 이제는 하버드의 괴짜인 마크 주커버그가 세계의 전 인류를 친구로 만들어 주는 페이스 북을 창시하여 새로운 세상을 뒤흔들고 있다.

  바야흐로 괴짜라야 성공하는 시대가 온 것이다. 시험지의 사지선다형 문제를 검게 칠하는 것으로 모범답안을 작성해선 안 된다. 창의적 독창성으로 한계의 틀을 뛰어넘어야 한다. 이제는 괴짜들의 세상이다. 우리 모두 괴짜가 되어야 한다. 괴짜는 못 되더라도 그 정신만은 배워야 한다. 평범과 보통으로 이 세상을 아름답게 치장하기엔 세월이 너무 빨리 달아나고 있다.

구상 시인의 모자

 구상 시인에게는 항상 가을 냄새가 난다. 가을에 처음 뵈었기 때문이리라. 시인에게서 가을 외에는 다른 계절의 이미지는 느낄 수가 없다. 가을 남자. 그래. 뭔가 조금은 쓸쓸하고 만남보다는 떠남이 좀 더 어울리는 그런 남자가 구상 시인이다.
 시인을 처음 뵌 것은 오래전인 칠십 년대 초, 플라타너스의 잎들이 돌가루 포대 색깔을 하고 도로를 질주하는 가을바람이 세차게 부는 날이었다. 시인은 옅은 갈색 코트에 걸맞은 중절모를 쓰고 이 세상 모든 것을 너그럽게 포용하고 그리고 용서할 수 없는 자들에게도 자비를 베풀 것처럼 약간은 어눌한 말투를 앞세우고 그렇게 내 앞에 나타났다.
 "活이라 그랬지." "예." "그래 사회부 기자라며." "예."
 시인은 내가 근무하던 신문사의 편집부국장이자 집안 조카인 고

구구서 선생 댁에 다니러 오셨고, 나는 "인사드려야 할 분이 오늘 서울에서 내려오시니까 잠시 집으로 오라."는 연락을 받고 구상 시인을 기다리고 있던 참이었다. 시인은 영남일보 주필을 지내신 언론계 대선배이자 항렬로는 할아버지보다 한 단계 더 높은 어른이어서 "그저 묻는 말씀에 "예. 예." 대답이나 할 뿐 감히 쳐다볼 엄두도 내지 못했다.

　시인은 자신을 뽐내지도 드러내지도 않았다. 낮은 음으로 조용조용 얘기했지만 '구상'이란 그 이름이 갖고 있는 위엄이 목청 돋우지 않아도 모든 걸 압도하는 듯했다. 오후 열차 편으로 서울로 올라가시면서 여의도 시범아파트 몇 동 몇 호란 주소를 쪽지에 적어 주시면서 "혹시 서울에 오면 들르라."고 말씀하셨다.

　플랫폼에서 시인을 배웅하며 '나도 시인의 나이가 되면 저런 모자를 써야지.' 하고 속으로 다짐을 했다. 그러나 겉멋은 흉내 낼 수 있어도 시인 특유의 고매한 인품은 도저히 따를 수 없을 것 같아 고개를 모로 흔들었다.

　그 일이 있고 난 후부터 나는 시인의 연락책 겸 비서 비슷하게 되어 버렸다. 대구로 내려오실 땐 고 이윤수 시인, 최정석 수필가(전 효성여대 교수), 깡패 시인 고 박용주 선생 등에게 연락을 드리고 모임이 끝날 때까지 자리를 지키는 일이 나의 소임이었다.

　시인의 대구 나들이에는 나 외에 박세환(뉴욕뉴욕 회장), 고 이무웅 등 두 사람의 양아들이 항상 함께했다. 그러니까 촌수로 따지면 두 아들보다 내가 한 촌수 아래였다. 그렇지만 주회가 열릴 땐 아들들은 밖에서 시중을 들었지만 손자인 나는 말석에서나마 어른들과 함께 술을 마시는 영광을 누렸다.

하루는 주먹세계에서 '항구'라는 별명으로 더 많이 알려진 무웅(전국 관광협회 노조 지부장)이가 이렇게 말했다. "아버님, 아들인 우리는 문밖에서 심부름이나 하고 손자인 활이는 아버지 옆에서 술이나 마시고 이래도 되겠습니까."라며 어리광 섞인 투정을 늘어놓았다. 그러자 시인은 "할애비는 아들자식보다 손자가 더 귀한 법이야." 하고 입을 틀어막더니 "너희들은 기자가 아니잖아. 신문기자는 누구와도 대작할 수 있지."라고 말씀하셨다.

구상 시인은 "김수환 추기경 님의 형인 동환 신부님이 대구의 서쪽 변두리에서 결핵요양원을 운영하고 계시는데 X레이 기계가 낡아 환자들의 폐 사진을 찍을 수가 없어 고생하고 계시더군. 독지가 한 분을 모셔야 될 텐데." 하고 말끝을 흐리자 양아들 중 맏이인 박세환 회장이 "아버님, 그건 제가 해결해 보겠습니다." 하고 나섰다. 그러자 시인은 "그러면 내일 오백만 원을 마련해서 활이에게 갖다 주어라. 활이는 그 돈을 신문사 사장님에게 드려 김동환 신부님에게 전달하면 깨끗하게 처리하게 되겠네." 그 일은 그렇게 끝이 났다.

시인은 '홍'과 '성'이란 두 아들과 '자명'이란 딸 하나를 슬하에 두셨다. 홍이는 주로 서울에서 살았기에 연전에 타계할 때까지 서너

번 만난 게 고작이었고, 자명이는 하와이에서 공부를 했기 때문에 만날 기회가 별로 없었다. 둘째 아들 성이는 항렬로 따지면 나 보다 높았지만 그런 것 모두 무시하고 그를 아랫동생쯤으로 취급했다. 성이는 아버지인 '구상 시인'보다 한 수 더 앞지르는 걸물이었고 그는 가진 것 없는 부자였으며 한마디로 바람 불지 않는 날 언덕에 올라 바람을 불러오는 '바람 바람 바람'이었다.

성이는 부전자전이 아니랄까봐 시인처럼 폐가 나빴다. 그래도 그는 타는 목마름처럼 끓어오르는 뜨거운 피의 기운을 참지 못했다. 약을 먹고 건강이 겨우 회복되는 기미가 보이면 술을 마셨고, 다시 나빠지면 약을 먹고, 이렇게 반복하다 보니 약에 내성이 생겨 나중에는 아무 약도 듣지 않았다. 이를 보다 못한 걸레 스님 중광은 당신이 그린 선화 53점을 항구에게 건네주면서 "이걸 팔아서 성이를 요양소에 보낼 경비로 사용하라."고 일렀다.

성이는 '걸레 스님 중광전'의 수입과 그림을 치료비로 챙겨 인천에 있는 결핵요양소에 입원하기로 결정한 후 잠시 대구로 내려왔다. "이거 우리 집에 있는 책갈피에서 찾은 건데 이중섭 화백이 공초 오상순 시인을 그린 스케치와 시인 폴 발레리의 초상입니다. 나는 요양소로 들어가면 살아나올지 죽어나올지 모르는데 마지막 선물로 받으세요." 성이는 어느 신문 소설의 삽화로 사용한 흔적이 뚜렷한 어린아이 손바닥 크기의 펜화 한 점과 그것보다 조금 작은 그림 한 점을 내 손에 쥐어 주고 서울로 떠났다. 그러고는 살아서 만나지 못했으니 그게 성이와는 이승의 마지막이었다.

 시인은 아내와 아들 둘을 먼저 가슴에 묻었다. 여의도 시범아파트, 고요와 적막이 바다를 이루는 곳에 살면서도 한 번도 외롭고 쓸쓸한 표정을 짓지 않으셨다. 뵈올 때마다 온화한 미소, 그리고 떨리는 손으로 한 음계 낮춰 말씀하시는 품이 곧 가을 속으로 떠날 사람처럼 보였다.

 시인은 맏아들 홍이가 하늘나라로 떠난 뒤에도 여러 번 대구 나들이를 하셨다. 중광 스님의 〈매드 몽크(mad monk)전〉이 동아쇼핑에 열렸을 때도 김종규 선생(전 박물관협회장)과 함께 하객으로 오셨다. 그리고 여류 서양화가 김종복 화백의 대형 전시회가 서울신문 화랑에서 열렸을 때도 지팡이를 짚고 나오셔서 축사를 하시기도 했다.

 시인은 자신의 몸이 불편하실 터인데도 대구에서 올라온 손자 녀석의 밥 걱정과 아울러 누구와 술을 마실 것인지 그런 것까지 챙겨 주셨다. 마침 시인의 옆에 있던 서울의 양아들 고 남정도 사장(한경화학)이 "아버지, 활이와 같이 가서 술 마실 집을 미리 예약해 두었습니다."라고 말씀드리자 그냥 고개를 끄덕이셨다. 시인은 자신이 앞장서 걸을 수 없는 건강을 탓하며 아마 가슴을 쳤으리라.

 시인은 투병 중에 그동안 아껴두었던 2억 원을 장애인들을 위해 쾌척했으며 이중섭 화백이 시인에게 그려준 〈구상 가족〉이란 유화를 판 돈 1억 원도 아무도 모르게 이웃을 위해 몽땅 기부했다. 그러면서도 목숨이 끝나는 날까지 자신에게는 엄격할 정도로 검소한 삶을 살았으며 만년에는 이런 시를 썼다.

> 흐려진 내 눈으로 보아도 내 마음은/ 아직도 명리에 연연할 뿐만 아니라/ 음란의 불씨도 어느 구석에 남아 있고/ 늙음과 병약과 무사를 핑계로 삼아/ 태만과 안일과 허위에 차 있다 (《근황》 중)

시인은 2004년 5월 11일 몸은 여의도 성모병원 중환자실에 뉘여둔 채 영혼은 아내와 아들 둘이 살고 있는 아름다운 나라로 올라가셨다. 영결식장에는 시인의 정을 그리워하는 문인 묵객들이 전국에서 몰려들어 인산인해를 이뤘다. 그 후 49재 추모 미사가 열린 여의도 성당에도 진심으로 시인을 사랑하는 수많은 사람들이 모여 이승에서의 아름다웠던 삶이 천국에서도 그렇게 이어지기를 간절히 기도했다.

나는 그 날 추모 미사를 드리는 동안 성모 마리아상 옆으로 피어오르는 시인의 봄 아지랑이 같은 미소와 낮게 흔들리는 말씀, 그 말씀밖에는 아무것도 보이지도 그리고 들리지도 않았다. 나도 가을 속으로 떠나고 싶었다.

그리고 몇 달 뒤 혼절에서 깨어난 듯한 시인의 따님 자명이에게서 한 통의 소식이 왔다.

"아버님 영정 사진 몇 장을 좀 크게 뽑았습니다. 가족 개념에 드는 분들에게 나눠드리려고요. 그리고 모자를 좋아하시는 것 같아 아버님 생전에 즐겨 쓰시던 모자 하나를 유품 중에서 골라 챙겨 두었습니다. 대구에 갈 때 갖고 가겠습니다. 자명 올림"

시인은 떠나고 모자만 내 곁으로 왔다. 그것은 마치 히말라야 등반 중에 설산에 묻혀 돌아오지 못하는 산악인의 유품 한 점을 받아든 그런 기분이었다.

포대령과 시인 구상

한 번도 만난 적이 없는 사람이 그리울 때가 있다. 포대령 이기련이란 군인이 바로 그 사람이다. 풍류를 아는 아웃사이더이자 방랑이 몸에 밴 배가본드, 행려병자 신세로 드라마틱한 일생을 마친 진짜 멋쟁이다. 1916년 평안남도 출신으로 평양 고보와 경성제대 법과를 졸업한 육사 3기생으로 포병을 창설한 사나이다.

그는 1961년 1월 27일 밤 술에 취해 약수동 고갯길에서 쓰러져 숨졌다. 몸에 지닌 증명서가 없어 7일 동안 거적을 덮어쓰고 누웠다가 수색의 행려사망자 공동묘지에 묻혔다. 7년 후 겨우 신원이 밝혀져 옛 전우, 동창, 친구들의 주선으로 경기도 양주군 구리면 선성리 음택으로 이장되어 비로소 영면에 들었다.

포대령은 금강산 신계사에 주석하고 있던 효봉 선사의 장조카로 여러 가지 언어에 능통할 정도로 어학에 밝았다. 자유인의 기질을 타고나 어느 누구에게도 빌붙지 않았다.

맥아더 장군의 인천상륙작전에 포병부대 대대장으로 참가하여 평양에 입성했다. 그날 밤 기분이 좋아 술을 마시는 그를 보고 미 고문관이 "사방이 적인데 술을 왜 마셔."라고 투덜거렸다. "내가 지휘관인데 웬 간섭이야." 권총을 뽑아 한 방 갈기고 그 길로 군에서 쫓겨나 대구 남문시장에서 배추장사를 했다.

또 한 번은 1·4후퇴 때 피난민 틈에 적군이 숨어 내려오는 것을 보고 미 고문관이 포병대장에게 무차별 포격할 것을 졸랐다. "자유 찾아 내려오는 동포를 죽이란 말인가." "그래도 방어를 위해 쏴야지." "야, 내가 지휘관이야." 그는 권총을 뽑아 쏜 것이 상처를 입혀 파면을 당했다.

군을 떠난 포대령은 구상 시인과는 1952년 어느 막걸리 집에서 처음 인사를 나눈 후 괴짜끼리 말을 트고 지내는 사이였다. 그런데도 군에서 쫓겨난 사연을 알리지 않고 있었다. 구상 시인은 수소문 끝에 포대령을 찾아 '말대가리 집'으로 자리를 옮겨 그간의 밀린 이야기를 전해 들었다. 그날 밤 화풀이 겸 술을 과하게 마신 후 고향의 민요인 〈수심가〉를 영어 버전으로 불러젖혔다. 이 이야기는 구상 시인이 대구 시내 어느 목로주점에서 포대령 이야기를 해달라고 졸라대던 필자에게 해준 것이다. 포대령이 번역한 영어 버전은 아는 이가 없어 한글로 옮겨 본다.

산천 초목은 재봉춘인데, 우리 인생은 늙어만 가누나. 어느 일후 허성치 말구, 잘 살아 볼거나. 아헤야 양춘은 오고 가지 말아, 가고 다시는 아니 온다. 생각하니 세월 가는 것, 아연하여 어이 백년 살거나. 아 유정 무정은 누가 냈나, 이별 잦아서야 난 못 살겠네. 나도 언제 유정한 사람 만나, 백년 동락을 할거나.

포대령은 육사 동기인 노재현 장군의 지원에 힘입어 우여곡절 끝에 복직하여 포사령관으로 근무하게 됐다, 이곳에서도 미 고문관 중령이 건방지게 굴었다. 가만히 있을 사람이 아니었다. "야, 이놈아. 고문관은 지휘관의 보좌관이야. 난 너보다 나이도, 계급도, 학벌도 더 높다."고 고함을 지르며 45구경 권총을 거꾸로 쥐고 철모를 내려쳤다. 포대령은 군법회의에 회부되어 '실형 1개월에 형 집행 정지'라는 희한한 판결을 받았지만 현직은 유지할 수 있었다.

우리 육군 역사상 적군 묘지를 만든 군인은 포대령이 최초인 것 같다. 종군 군인 신분인 구상 시인이 포대령이 근무하는 수도 사단을 찾아간 적이 있다. 포대령은 산허리에 예닐곱 개 무덤을 파고 봉분 만드는 일을 감독하고 있었다. "왜 무슨 사고가 있었니?" "아니야. 인민군 시첸데 저승으로 잘 가라고 묻어주는 거야." 시인은 돌아와 〈적군 묘지 앞에서〉란 시를 썼다.

오호 줄지어 누웠는 넋들은 눈도 감지 못하였구나. 어제까지 너희의 목숨을 겨눠 방아쇠를 당기던 우리의 그 손으로 썩어 문드러진 살덩이와 뼈를 추려 그래도 양지바른 두메를 골라 고이 파묻어 떼마저 입혔거니. 죽음은 이렇듯 미움보다도 사랑보다도 더 너그러운 것이로다.(하략)

포대령은 문인 친구들에게 "장군으로 진급하면 막걸리를 배달하는 짐 자전거 앞뒤로 붉은 별판을 달고 출근할 거야."라는 말을 자주 했다. 그는 하늘에서 떨어진 신기한 인간임이 분명하다. 다만 괴짜 군인의 일생을 드라마틱하게 장식하기 위해 눈 내린 고갯길에서 영원 속으로 잠들게 했다. 원하노니 멋쟁이 포대령이 별판 자전거를 타고 "막걸리 마시러 가자."며 나를 찾아오는 그런 꿈이라도 한번 꾸고 싶다.

대구의 협객 주먹화가 박용주

박용주 선생은 주먹으로 동양 삼국을 제패하다시피 한 건달이다. 그는 시를 짓고 그림을 그리는 예술가이기도 하다. 구상 시인은 그의 활달한 성품과 기질을 높이 사 자신의 이름 앞에 붙어 있는 시인 칭호를 그에게 주고 그가 갖고 있던 깡패라는 별명을 자신이 갖기로 했다. 두 분의 우정은 대구와 서울이란 지역적 간극 때문에 자주 만나지는 못했지만 끈끈하게 유지되었다.

구상 시인은 실제로 용주 선생에게 시를 쓰도록 권했으며 《세대》란 잡지에 시를 추천하여 진짜 시인으로 만들어 주었다. 두 분이 서로 만나면 시인과 깡패라는 칭호를 번갈아 부르며 그렇게 우정을 쌓아갔다. 내가 용주 선생을 가까이 모시게 된 것도 구상 시인의 말씀 때문이었다. "그분은 참 괜찮은 사람이야. 예술적 감각도 뛰어나고 나라와 민족을 사랑하는 마음도 각별해." 시인의 용주 선생에 대한 평가가 곧 "자네도 용주 선생을 가까이 모시고 더러 막걸리를 대접하면서 배울 건 배우게."라는 소리로 들렸다. 석양주 마실 시간에 선생의 목롯집 회유 곡선을 따라가 보면 두세 군데를 넘지 않고 선생을 만나게 된다.

생활

선생은 용주 사단을 이끌면서 나름대로 밥값 술값 챙기느라 골몰하고 있었으며, 나는 사회부기자로 근무하느라 저녁 시간에도 바쁜 편이었다. 어쩌다 선생께서 만나자는 연락이 올 때마다 낮시간에 중앙로의 성림다방에서 주로 뵈었다. 선생이 다방으로 불러낼 때는 스케치북에 춘화를 잔뜩 그린 것을 내게 넘겨주기 위해서였다. 내가 가지고 있는 춘화 스케치북은 모두 그곳에서 받은 것이다.

선생은 한 달에 한 번쯤 매일신문 커피숍에 나오셔서 담배 한 갑과 커피 한 잔을 마시고는 바람처럼 떠나셨다. 하루는 점심시간이 임박할 때 오셨길래 미리 약속한 프랑스에서 갓 귀국한 여류화가 김종복 교수와 합석하여 중국식당에서 점심을 한 적이 있었다. 그날 시킨 요리가 기름진 것이어서 한 이틀 설사를 하시고 핼쑥한 얼굴로 커피숍으로 나오셨다. 점심 초대가 고마웠던지 아니면 바짝 건조한 내장에 기름칠을 한 것이 반가웠던지 "유화 한 점을 주겠다."는 약속을 하시곤 선생의 자택에서 만날 날짜와 시간을 정해 주셨다.

선생의 셋방은 불로동 골목 안 반지하의 단칸방이었다. 벽에는 어느 서양화가가 그린 선생의 자화상 두 점과 이석조 화가가 그린 붉은 색조가 강한 사람의 뼈를 함지에 담아 놓은 그림이 붙어 있었다. 선생은 "자화상 한 점과 해골 그림을 가지고 가라."고 하셨다. 나는 가져오지 않았다.

그 그림들은 반지하 방에 걸려 있어야 반 고흐의 〈파이프가 놓여 있는 빈센트의 방〉처럼 멋스럽게 어울릴 것 같아 극구 사양했다. 대신에 선생의 춘화 중에 화가 이중섭의 얼굴을 스케치한 그림 한 점을 얻어왔다. 선생이 돌아가시고 몇 년이 지난 뒤 대구 어느 방송사에서 '주먹 화가 박용주 특집'을 제작할 때 내가 소장 중인 도자기 그림과 유화 몇 점과 야하지 않은 춘화를 선보인 적이 있었다. 그때 용주 선생이 가져가라고 했던 자화상을 내가 가지고 있었더라면 그 프로그램이 훨씬 빛이 났을 텐데 체면치레를 하느라 덥석 받아오지 못한 것을 못내 후회했지만 소용없는 일이었다.

유도 인생

선생은 대구 교남 학교를 거쳐 서울 중동 학교로 진학, 유도부 주장이 되었다. 당시 교장은 서울대 4대 총장을 지낸 최규동 선생이었다. 최 교장의 주선으로 일본 유학길에 올랐다. 최 교장은 가와모도 유지로[川本柳又郞]라는 친구에게 "박용주 군을 보내니 진학에

도움을 주면 좋겠다."는 소개장을 써주었다. 일본 땅에 도착하는 날, 간 큰 선생은 "조선의 명인 박용주가 가니 마중을 부탁한다."는 전보를 쳤다.

도쿄역에 내리니 '조선의 명인 박용주 환영단'이란 플래카드를 앞세우고 가와모도의 제자들이 기다리고 있었다. 제자들은 1920년 대식 포드 승용차에 태워 가와모도에게 데려갔다. 그러나 가와모도 선생은 선생의 당돌함에 심기가 상해 3개월이 지나도록 대학 진학의 길을 터주지 않았다. 가만있을 사람이 아니었다. 어느 날 밤, 가와모도 집의 담을 넘어가 "왜 진학시켜 주지 않느냐."고 강력하게 항의했다. 선생의 기를 가상히 여긴 가와모도는 와세다대 상과에 적을 얹어 주었다.

입학 후 유도 3단인 선생은 와세다대 유도장에 나가 4단짜리 일본 학생들과 차례로 대련, 모조리 꺾어 버리고 즉석에서 4단으로 승단하는 영예를 안았다. 이때부터 그는 '와세다의 다쯔(龍)'라는 별명을 얻게 됐다.

그는 대학에 다니면서 이남식, 조철희 등과 어울려 동본 영화 촬영소 옆 유도장에서 기와 힘을 길렀다. 그는 불의를 보고 참지 않았으며 그를 따르는 후배들을 다독거려 주었다. 귀국 후엔 무대를 중국으로 옮겨 상해, 천진, 북경 등지에서 주먹으로 이름을 날렸다.

명동 시절

이 글은 소설가 이봉구가 쓴 삼중당 간 《명동》이란 단행본의 75~77페이지에 실려 있는 것을 그대로 옮겨 온 것이다.

경상도에서 올라왔다는 협객 박용주의 그 억센 사투리는 명동 거리를 쩡쩡 울리고 있었다. "나는 경상도 문둥이다." 다방이고 술집이고 인사를 나눌 적마다 그 문둥이라는 소리를 빼놓지 않았다.

왜정 때 일본 땅에서 학생운동을 했다는 둥 유도와 당수가 몇 단이니 칼질을 잘한다는 둥 무시무시한가 하면 시를 쓴다고 자작시 원고 뭉치를 들고 다니며 눈을 스르르 감고 상대방을 졸게 하다가는 번개처럼 들러리 친구들을 끌고 나가 술을 떡 벌어지게 내는 기활 좋은 박용주였다. 되는 일도 없고 안 되는 일도 없는 박용주는 너털웃음에다 사투리로 명동 거리를 누비고 다녔다.

"나는 문둥이다. 나는 시를 쓴다." 영 어울리지 않는 소리를 하면서 술자리를 베푸는 자리엔 이용악, 박성환, 서병곤. 김초향의 얼굴이 보였고 '무궁원'에서 알게 된 한하운을 위해 어느 날 밤 한강 백사장에서 술놀이를 마련하는가 하면 "나는 불의를 보면 못 참아. 나는 정의를 위해 피를 흘리는 경상도 문둥이다." 어쨌든 시원스럽고 날쌔고 입담 좋고 스릴까지 있어서 따분한 것과는 인연이 먼 사람이었다.

"얘, 너 초향이, 그 꼴이 뭐냐." 조석으로 변하는 김초향의 생활을 못마땅하게 생각했다. 유행가 가사를 써서 밥을 먹는 그의 생활은 소설의 줄거리 이상으로 변화가 무상했다. 어느 때는 코트고 저고리고 바지고 하루에 하나씩 전당포에 맡기고 속 셔츠 바람으로 고려정 냉면집 앞에서 팔짱을 끼고 "달도 하나, 해도 하나" 자기가 지은 유행가를 흥얼거리는가 하면 마카오 신사 뺨치게 쪽 뺀 옷차림으로 점잖게 거닐며, "용주 형, 어딜 갔나, 돈이 있을 땐 만날 수가 없으니."

하루는 초향이 난데없이 머리를 박박 깎고 나타났다. "감옥을 다녀왔나, 중이 되었나, 삭발을 했으니 이게 웬일이야." "하룻밤 외박을 하고 들어갔더니 여편네가 오입하는 버릇을 고치겠다고 이렇게 가위로 머리를 깎아 버렸어." 김초향의 대답이 채 끝나기도 전에 "에잇, 똥물에 튀겨도 시원치 않을 놈 같으니라고. 이런 못난 놈이 있어서 명동이 잡친다니까."

가죽 판 같은 박용주의 손바닥이 철썩 초향의 뺨을 두세 번 치자 그 자리에 짚단처럼 푹 쓰러져 버렸다. "자식 굶었나. 뺨 몇 대에 맥없이 쓰러지니 말이야. 이 새끼가 말은 그래도 번드레하거던." "용주 형, 나라고 고민이 없단 말인가. 참새도 고민이 있다는데. 마음 약한 게 나는 고민이거던." "그렇다고 여편네한테 머리를 깎이고 있어. 그걸 데리고 살아. 미워서 때린 게 아니야. 화가 나서 그랬어."

박용주는 초향의 손을 잡아 흔들며 "너 좋아하는 냉면 사줄까."

초향을 앞세우고 박용주는 고려정으로 휘파람을 불며 들어갔다.
"여보, 이 스님한텐 냉면을 곱빼기로, 나는 육개장."

무술 실력

선생의 사상의학적 체형은 태양인이다. 태양인은 하체가 약한 반면 상체가 발달한 것이 특징이다. 대체로 키는 작은 편이며 총명하고 판단력이 빠르고 조직적이다. 곡예사와 무당 그리고 예인 중에 태양인이 많다고 한다.

선생을 묘사한 글 중에는 유도, 당수도, 합기도 등을 모두 합치면 10단이 훨씬 넘는다고 풍을 친 것을 곳곳에서 발견할 수 있다. 그의 공인 무술은 유도 9단이지만 깡패 패거리를 만났을 때 대처하는 능력은 '싸움 10단'이다. 목롯집 같은 좁은 공간에서 선생을 족치러 온 깡패들을 만나면 눈 깜짝할 사이에 어떻게 뛰고 날아 어느 놈을 어떻게 치고 어느 문으로 몸을 피할 것인지를 설계하고 바로 실행에 들어가는 초능력을 지니고 있다.

그리고 술상 위의 대접과 접시 심지어 숟가락과 젓가락까지도 무기로 활용하는 비상한 재주를 갖고 있다. 선생은 일대일 대결은 좀처럼 하지 않는다. 그러나 한강변 모래밭에서 있었던 당대 최고의 주먹인 김두한과의 대결은 서부영화의 한 장면과 같은 두 사람 대결의 결정판이다. 나는 선생에게서 들은 이날의 결투 장면을 기억 속에서 재구성해 볼라치면 엔리오 모리코네가 작곡한 마카로니

웨스턴의 주제 음악이 귓가를 먼저 스치고 지나간다. 흔히 서부영화에선 결투를 신청한 악당이 총을 먼저 뽑지만 가슴에 총알 세 례를 받는 것은 서부가 아니다. 이날의 결투도 싸움을 먼저 걸어 온 덩치 큰 김두한이 비호 같은 선생의 업어치기 한 판으로 한강 백사장에 'THE END'라는 글씨를 새기고 만다.

체력이 생생하던 60대 때 힘깨나 쓰는 젊은이 몇 명이 선생의 심기를 잘못 건드려 황야에 바람을 일으킨 적이 있었다. 모리코네 음악이 다시 한번 울려 퍼지자 젊은이들은 피탈 칠을 했고 선생도 소란을 일으킨 죄로 잠시 보안관이 지키고 있는 철창에 갇혀야 했다.

선생은 이날 유치장에서 중견 시인을 만났다. 시인은 택시요금 시비로 파출소에 끌려갔다가 옆에 빈정대는 방범대원을 몇 대 쥐어박은 죄로 유치장 신세를 지고 있었다. 선생은 일본 담배를 피우는 젊은이들에게 "왜놈 담배를 피우면 되는가."라며 잠시 훈계하다 그들이 떼거리로 달려들자 슬쩍 건드린 게 이빨이 몽땅 내려앉는 바람에 시인과 감방 동기가 됐다는 것이다.

나중 시내 목롯집에서 시인을 만난 선생은 "시인이 주먹을 쓰면 되나. 자넨 눈언저리가 거무스럼한 게 색 좀 쓰겠구먼. 주먹은 치우고 색이나 쓰게. 스케치북과 4B 연필이나 하나 사 오게. 감방 갔다 온 기념으로 그림이나 몇 장 그려 줌세." 이날 선생은 막걸리를 거나하게 마시며 색 쓰는 신부와 스님들의 모습을 숱하게 그려

댔다.

춘화

선생에게 춘화는 밥이고 술이었다. 선생은 '와세다 다쯔' 외에도 몇 개의 별명을 갖고 있었다. '시인' '깡패' '주먹 화가' '춘화의 명인' 등이 그것이다. 그가 춘화를 그리게 된 동기는 아주 단순하다. 예술에 대한 열정이 시 짓기와 그림 그리기를 부추긴 것은 사실이다. 그러나 막상 시 한 편을 써 봤자 아마추어 신인에게 원고료를 주는 곳은 아무데도 없었다. 그렇지만 춘화는 달랐다.

춘화를 그려 그런 것들을 좋아하는 지인들에게 나눠주거나 팔면 자존심을 구기지 않고 소기의 목적을 달성할 수 있었다. 당시에는 섹스 비디오나 동영상이 난무하지 않은 시대여서 선생이 손수 그린 춘화 몇 커트는 성에 대한 갈증을 풀어주고도 남았다. 그것은 돈이 되었고 돈은 밥과 술이 되었다.

대구의 서양화를 그리는 화가들도 선생의 춘화를 가지고 싶어했다. 그들이 접근해 오면 선뜻 춘화를 내주지 않았다. 끈기 있게 졸라대면 "깁 앤 테이크라는 게 있잖은가. 당신이 그린 그림부터 내게 주고 내가 그린 귀한 그림을 달래야지." 하고는 문을 잠가버린다. 그렇게 맞바꾼 유화들은 선생의 비좁은 방 곳곳에 걸려 있다가 가뭇없이 사라지곤 했다. 사라진 그림들은 모두 돈이 되어 목로주점으로 흘러갔다.

그는 일본 유학 시절이나 귀국 후 전국을 떠도는 낭인 시절에도 항상 그를 따르는 친구와 후배들을 거느리고 다녔다. 이른바 리더였고 어릴 적부터 몸에 익은 대장 기질을 그대로 키워 나간 결과였다. 리더는 돈이 필요했다. 해 질 녘 목롯집에서 대장이 술값을 마련해 오기를 기다리는 후배들을 위해 지인들을 찾아다니며 돈을 얻어오려면 어떤 빌미가 필요했다. 춘화 한두 장이면 서너 명이 막걸리로 목축일 마련은 충분했던 것이다.

그는 다방에 앉아 낱장 춘화를 그렸으며 때론 좀더 많은 돈이 필요한 추석이나 세밑에는 스케치북에 체계를 갖춘 테마 춘화를 그려 미리 점찍어 둔 사람에게 선물하고 그 대가를 받아오곤 했다. 대구의 K호텔 사장이 수시로 지원해 주었으며 선생은 고마움의 표시로 정성 들여 그린 춘화를 선물했다. 즐겨 그리는 테마는 신부와 수녀, 스님과 여인 등이며 소도구로는 목탁과 염주 그리고 묵주가 등장하여 그것들이 '꽹마구 치익 칙…' 꽹과리를 치며 박자를 맞추곤 했다. 초창기에는 4B 연필로만 그렸지만 연선이 무르익기 시작한 후에는 수채화 물감으로 색을 입히기도 했다.

그가 다방과 주점을 돌아다니며 그린 춘화는 스케치북으로 1백여 권, 낱장으로도 수천 점이 넘었다. 선생이 돌아가시기 얼마 전, 풍이 스치고 지나가는 바람에 다리를 끌면서 다녔다. 그는 이런 형편으론 오래 못 살 것 같은 예감이 들었는지 소장하고 있던 그림과 춘화 6백여 점을 불살라 버렸으며 일부는 평소 그를 좋아하는 친지들에게 한두 점씩 나눠 주었다.

걸레 스님 중광

중광 스님은 미국 버클리대 랭커스터(Lewis R. Lancaster) 교수의 주선으로 중광 예술집 두 권을 펴냈다. 《미친 중》(The Mad Monk)과 《더러운 자루걸레》(The Dirty Mop)가 그것이다. 이 책을 내기 전에 스님은 미국에서 자신의 '고추'에 굵고 뭉뚝한 붓을 묶어 대형 화선지 위에 쪼그리고 앉아 그림을 그린 적이 있다. 이 장면은 《더티 몹》이란 잡지에 여덟 컷이나 실려 있다.

스님은 생애 동안에 동물들의 짝짓기 행위를 이미지화한 그림들을 수없이 그렸지만 자신의 성기에 붓을 묶어 추상화를 그린 것은 이때가 처음이었다. 랭커스터 교수는 미국에서의 퍼포먼스가 끝난 후 책이 출간되자 "중광은 한국의 피카소"라고 극찬했다. 또 샌프란시스코의 일간지 이그재미너 크로니클과 스탠포드 대학에서 특강을 할 때도 "중광 스님은 한국의 피카소"라고 소개되었다.

미국을 다녀온 흥분기가 가라앉은 1980년대로 접어들자 스님의 대구 나들이가 부쩍 잦아졌다. 내가 스님을 처음 만난 것은 구상 시인의 대구 나들이에 스님이 동행했기 때문에 가능했다. 이날 일행은 김수환 추기경, 조각가 문신 씨 내외 등 5명이었다.

구상 시인은 일가 어른으로 항렬로는 할아버지뻘이어서 70년 초부터 내려오실 때마다 미리 전화를 주셨고 나는 연락할 일들을 거드는 비서 역을 맡고 있었다. 나와 스님의 첫 만남이 있고부터 "아무도 부르지 말고 단둘이 만나 술도 마시고 그림도 그리자."며 자주 내려오셨다. 그게 85년 5월이었나. "나 대구에 내려간다. 오늘 밤은 너희 집에서 잘 거야." '그래도 되느냐' 따위의 체면치레 인사는 아예 생략이었다. 중광 스님의 별난 버릇 중에 하나는 자신이 좋아하는 친지나 후배 집에 하룻밤을 유숙해 보는 것이다. 그것은 객승이 절을 찾아다니며 방부를 드리고 하룻밤 몸을 의탁하는 버릇을 땡중이 되고도 버리지 못하는 것 같았다.

"대구에 춘화를 좀 그린다는 멋쟁이 노인이 있다는데 알고 있냐." "알다마다요." "박용주 영감 말이지요." "몰라, 이름은 몰라." "내일 만나 뵙자고 연락을 드릴까요." "아니 만날 것까진 없고."

스님은 자신의 선화(禪畵)와 춘화를 프랑스 화단에 상륙시킬 계획을 하고 있었는데 그때 용주 선생의 춘화를 한몫 꾸려 보낼 계획이었다. 스님은 미국에서의 박수와 찬사를 그리워한 나머지 예술의 메카인 유럽으로의 진출을 모색하고 있던 중이었다.

저녁밥을 먹고 난 후 장롱 위에 얹어둔 미술품 꾸러미를 헐어 소장하고 있던 용주 선생의 춘화 스케치북 세 권을 중광 스님에게 드렸다. 선생의 춘화를 내가 가지고 있는 것보다 스님의 명성을 등에 업고 프랑스로 진출하여 빛을 보게 되면 시골 화생이 궁중 화가가 되는 것이나 크게 다를바 없을 것 같았다.

"아끼는 내 보물 중에서 한 뭉티기를 떼 내서 스님에게 드린다.

그것은 스님의 예술세계가 더욱 빛나는 꽃으로 필 것을 기대하기 때문이다. 아멘. 1985년 5월 4일 구활 합장." 스케치북 맨 뒷장에 나의 뜻을 적었다.

스님도 다른 스케치북 뒷장에 답사 비슷한 글귀를 적었다. "구활 잡놈 동생 고맙다. 박용주 화가의 근본시대를 알았다는 것 높이 찬양한다. 1985년 5월 4일. 화첩 받아 가면서. 중광."

스님에게 드린 화첩 속에는 용주 선생이 쓴 편지 형식의 글귀가 이렇게 적혀 있었다. "활에게, 내 엉터리 연선은 감정만 따라 그어 재꼈다. 결코 예술과는 아무런 관계가 없다. 단 활과 나(박용주) 비록 연령의 차이는 있으나 이른 교우는 윤리도 도덕도 탈선하지 않으려고 애를 써 본 것일세. 1975년 2월 25일 용주."

중광 스님 선화의 프랑스 진출은 별 진척 없이 끝나고 말았다. 용주 선생은 내가 중광 스님에게 스케치북을 내준 사실도 모른 채 매일 춘화를 그리고, 밥 먹고, 술 마시는 쳇바퀴 일상을 전혀 지루해하지 않았다. 용주 선생의 춘화는 이미 일본 잡지에 잠시 소개된 적이 있었으며 프랑스 어느 섹스 잡지에 크게 소개되어 서양화가 백태호는 "박용주의 춘화는 연선이 멋지다."는 평을 하기도 했다.

일본의 춘화 수집가들은 용주 선생의 '극일 춘화도克日春花圖'를 구하려고 한때 돈을 싸 들고 다닌 적이 있었다. 그 그림은 태극 문신 또는 호랑이 문신을 등에 새긴 한국 남자가 일장기 위에서 일본 여성을 색으로 제압하는 그림이다. 또 다른 그림은 무궁화 문신을 엉덩이에 새긴 한국여성이 머리에 정신대란 머리띠를 질끈 동여매고 일본 남자를 색의 노비로 삼아 시중을 받는 그림이다.

오래전에 그린 그림이어서 누구의 손에 들어가 있는지 알 수가 없다. 극일 춘화도에 나오는 체위는 오만 가지로 상상이 불가능하며 그림마다 태극기가 바람에 휘날리는 것이 특징이다. 선생은 춘화 한 장에도 애국심을 불어 넣고 있거니와 우리나라 총리 출신의 여성 정치인은 태극기를 짓밟고 연설을 했으니 역사가 울 일이다. 이 그림은 부르는 게 값이라는 소문이 일본의 춘화 수집가들에게 파다하게 퍼져 있었다. 극일 춘화도의 행방은 아직도 묘연하기만 하다.

타계

선생은 1915년 2월 7일에 태어나 73세인 88년 5월 7일 타계했다. 그날은 토요일이었다. 고인의 따님인 준미 여사에게서 다급한 전화가 걸려 왔다. "박용주 어른의 딸인데요, 아버지가 돌아가셨어요." 빈소는 둘째 아들이 일하고 있는 불로동 어느 농원의 농막에 차렸다고 했다.

부리나케 달려갔으나 추모의 예를 갖추기엔 방이 너무 비좁았다. 그렇다고 그렇게 좋아했던 술 한 잔 올리지 않고 그냥 나올 수는 없었다. 절을 올리려고 몸을 최대한으로 구부려 겨우 엎드렸더니 나의 긴 다리에 달린 두 발이 문지방을 넘어 문밖으로 나가버렸다.

상주는 비좁은 방에 들어오지 못하고 마당에 서 있었다. 정신을 차리고 보니 난감한 일이 한두 개가 아니었다. 신문에 부음을 실어야 하는데 이미 마감시간은 지나 있었다. 월요일자 신문에 게재해 봤자 이미 발인을 마치고 장지로 떠나는 날이다. 지인들에게 연락을 취하려 해도 전화번호를 아는 게 하나도 없었다.

매일 저녁 '쉬어 가는 집'을 비롯한 목롯집에서 만나는 친구들과 지인들이 있었지만 그들이 누구인지 나는 정확히 알지 못했다. 선생의 주변 친구들은 거개가 배고프고 술 고픈 동지들이어서 부조 봉투를 들고 올 위인은 별로 없을 것 같았다. 박용주 선생의 저승길은 그렇게 허허롭고 외로웠다.

묘소

선생은 삼일장으로 칠곡 지천의 청구공원 묘원에 묻혔다. 돌아가시기 보름 전쯤 내가 근무하는 매일신문 커피숍에 오셔서 "구상 시인이 언제 온다는 소식이 없더냐."라고 물은 적이 있었다. 선생은 생애가 끝나기 전에 구상 시인을 마지막으로 한번 만나 보기를 소원하고 있었지만 마지막 원은 이뤄지지 않았다. 구상 시인은 장례식에 참석하지 못했지만 불원 내려오실 것 같아 내 나름의 준비를 해 두고 있었다. 묘소는 청구묘원 중심부 도로에서 가까운 정남향에 자리 잡고 있다. 〈능금 두벌 꽃〉의 시인 정석모 선생의 시비가 서 있는 곳에서 서쪽으로 그리 멀지 않은 곳이다.

아니나 다를까 구상 시인은 두 달이 채 지나지 않아 혼자 내려오셨다. 미리 연락받은 대로 최정석 교수(효성여대 국문과)와 지금은 고인이 된 석우 이윤수 시인 그리고 대구화랑 대표를 모시고 함께 선생의 묘소로 향했다. 길섶에 둥근 자연석을 담처럼 쌓아 올려 꽤 거창하게 만든 정석모 시비 앞에 이르자 잠시 차를 세우게 했다. 구상 시인은 "박용주의 시비도 이렇게 만들었으면 좋겠군." 하고 혼잣말을 하셨는데 모두가 알아듣고 고개를 끄덕였다.

묘소에서 간단하게 예를 치렀다. 구상 시인은 술 한 잔을 무덤에 부으면서 "용주 형! 깡패 칭호는 나에게 물려주고 시인 칭호는 당신이 갖고 가시더니 왜 이렇게 잔디 이불을 덮고 계시오." 하고 손수건을 눈에 갖다 대고 한참 동안 말을 잇지 못하셨다. 우리는 북어포를 안주 삼아 법주 한 병을 묘소 앞에서 나눠 마셨다. 고인을 추모하는 뒷얘기는 자리를 옮긴 종로초등학교 뒷골목에 있는 부산 설렁탕집에서도 계속되었다. 이날 구상 시인이 내린 결론은 "묘원의 길섶에 시비를 세우는 것과 용주 어른이 써둔 시편들을 수합하여 시집을 내자."는 것이었다.

근 일 년 동안 청구공원 묘원 측과 접촉해 봤으나 '불가'라는 대답만 돌아왔다. 이유인즉 묘원 내의 도로가 좁아 시비를 세울 만한 공간 확보가 어렵다는 것이었다. 그것보다 더 큰 문제는 재원

염출 방안이 전무한 상태에서의 시비 건립과 시집 출간은 집 지을 땅도 없이 아름다운 설계도면을 먼저 그려본 것이나 다름없었다.

"나는 절대로 늙어 죽지는 않을 것이다. 이승의 마지막은 내가 스스로 정한다. 노란색 물감을 화선지 위에 가득 풀어 놓은 다음 청산가리를 마시고 붉은 피를 쏟아 마지막 작품을 만들고 죽을 거야. 노란 바탕 위에 번지는 붉은 피가 어떠한 형태의 그림을 그릴지는 나도 몰라. 나는 생의 마지막을 그렇게 장식할 거야."

선생은 소원한 대로 마지막 걸작은 남기지 못하고 떠나셨다. 그렇지만 그를 그리워하는 이들의 가슴 속에 이 세상에서 값비싸기로 소문난 미국의 잭슨 폴락의 아름다운 추상화보다 더 멋진 그림을 그려 주고 가셨다. 그 그림들은 '절규' 또는 '참회'라는 이름 붙여도 좋을 명화 들이었다.

나의 스승 조자용 선생님

 스승 없는 삶의 연속이 나의 생애였다. 스승이 없었으니 존경하는 이가 없었다. 지금도 그렇지만 나는 누구를 가슴 속으로 깊이 흠모해 본 적이 별로 없다. 학창시절에 존경하는 이의 이름과 좌우명 등을 쓰라는 신상카드가 배부될 때마다 곤혹스러웠다. 친구들은 '이순신'을 비롯한 유명 인사들의 이름을 잘도 써넣었지만 나는 그게 싫었다.
 이렇게 말하면 '건방져서 그렇다.'고 말하는 사람이 있을지 모르지만 전혀 그렇지 않다. 나는 동시대를 살아가고 있거나 나보다 앞서 세상을 살다간 현자賢者와 은자隱者를 존경하고 사랑한다. 책에서 본 그들의 숫자가 너무 많아 어느 한 사람을 내세울 수가 없을 뿐 내 마음속엔 그들에 대한 존경심으로 가득하다.
 세상 사람들은 학문과 학통을 이어주는 사람만을 스승으로 모시는 관습에 사로잡혀 있다. 나 역시 그랬다. 배움이 일천한 나는 스승이 없는 것을 당연하게 생각해 왔다. 그런데 나이가 차면서 곰곰 생각해 보니 세상에는 스승 아닌 것이 없고 삼라만상이 진리 아닌 것이 없다는 생각에 이르게 되었다.

"벗만 한 스승이 없고, 스승만 한 벗이 없다."는 옛말이 있다. 명나라의 걸출한 사상가인 이지李贄는 "벗[友] 앞에 스승[師] 자를 붙여[師友] 벗을 스승으로 모시지 못할 이유가 없으며 스승으로 모실 수 없으면 벗도 될 수 없다."고 주장한 적이 있다. 이지의 글은 그동안 스승 없이 떠돈 나에게 광명의 햇살이었다.

나는 '스승이 없다.'고 한탄할 것이 아니라 주변에 있는 뜻이 맞는 선배와 동료 그리고 후배들을 스승으로 모시기로 마음으로 정했다. 일일이 이름을 거론할 수는 없지만 깡패 화가, 거지 시인, 땡초 스님, 게으른 예술가, 느슨한 풍류객 등 어느 한 면은 진정으로 아름다운 이들을 스승으로 모셨다. 이지의 말대로라면 그들은 모두 나의 벗이었다.

내 나이 지천명에 이르렀을 때 하늘이 스승 한 분을 만나게 해 주셨다. 건축가이자 민속학자인 조자용 선생님. 언론계 선배의 소개로 속리산 정이품송 옆 에밀레 박물관에서 첫 인사를 드렸다. 사랑이 눈으로 오듯 사제와의 인연도 그렇게 눈으로 오는 듯했다. 나는 만나 뵙는 순간 이름 지을 수 없는 그 무엇에 압도당해 버렸고 선생님은 자신에게 취해버린 후학의 마음을 따뜻하게 이해해

주시는 것 같았다.

 그것은 마치 서른다섯 살 아래인 율곡이 도산서원으로 퇴계를 찾아 갔을 때 스승은 이틀 밤을 재운 뒤 제자를 망년우(忘年友·나이를 떠나 사귀는 벗)로 삼아 우정이 더욱 돈독해지기를 바라는 것과 같았다.

> 봄날에 천하 재사 반가이 만났으니
> 머문 지 사흘 만에 정신이 통하는 듯(중략)
> 술 다시 권하기엔 나는 이미 늙었지만
> 망년 우정 이로부터 더욱더 가까우리.(퇴계의 시)

 조자용 선생님은 생면부지의 시골뜨기인 나를 처음 만난 그날 밤 제자로 받아 주셨다. 우린 자리를 옮겨 박물관 앞 목롯집 바닥에 퍼질러앉아 막걸리를 마시며 밤을 샜다. 마신 술의 취기가 아침 해의 붉은 기운으로 떠오르자 나는 제자의 예를 갖춰 큰절을 올렸다.

 어느 날 선생님이 보내온 편지를 보니 나는 조자용 두령頭領 휘하의 두목頭目이 되어 있었고 산적들의 통지문처럼 "개천절 전날 국중대회國中大會를 여니 참석자는 한복을 입고 집결하라."는 내용이 담겨 있었다. 나는 불국사에 계시는 서인 스님(해병 대령 출신)에게 급히 연락하여 승복 한 벌을 받아 입고 몇몇 친구들과 함께 국중대회에 참석한 게 제자가 되고 난 후의 첫 나들이였던 셈이다.

우리 문화를 누구보다 사랑하신 선생님은 국중대회 비슷한 행사를 전국 여러 곳에서 열었다. 어느 해에는 인사동에 차 없는 날을 택해 보름놀이가 열렸다. 나는 친구 둘을 데리고 예의 승복을 입고 서울 한복판으로 진격했다. 선생님은 키 큰 나에게 횃불을 맡기시길래 그놈을 들고 뛰어다니며 술을 주는 대로 마셔버려 대취하고 말았다.

그날 밤 나는 승복 두루마기를 선생님과 함께 술을 마시던 어느 카페에 벗어두고 대구로 내려와 버렸다. 그 두루마기는 선생님이 수습하여 삼 개월 뒤 소포로 보내 주셨다.

어느 겨울 아침, 선생님이 이 세상 소풍 끝내고 귀천하셨단 소식을 문화유산 답사 여행 중에 듣고 집으로 돌아와 승복을 불태워 하늘나라로 먼저 올려보냈다. 나중 저승에서 선생님을 만나 뵐 때 다시 입고 파계승 춤을 추려고.

민속학자 조대갈 옹

오랜만에 속리산 에밀레박물관에 들렀다. 대갈 조자용(趙子庸 1920년생) 선생은 보이지 않았다. "방금 여기 계셨는데." 부인(김선희·영시 전공 영문학자)의 말만 믿고 여기저기를 살펴봐도 보이지 않았다. 개집의 삐걱 문이 열리더니 빈 소주병과 북어포를 들고 선생이 거기서 나오셨다. "마누라가 무서워 새끼 밴 진돗개와 한잔했지."

육 척 장신 선생이 이날 보여준 개그는 평소의 위트와 조크를 압축한 바로 그것이었다. "우리 보은 읍내로 나가지. 잘 익은 배추 막걸리에 옻순 나물을 먹으러 오란 전화를 받았지만 나갈 구실이 있어야지. 잘 왔어, 타임리 히트야" 그날 밤 선생과 얼마나 많이 마셨는지 술 마시지 않는 친구를 운전기사로 대동하지 않았다면 목로집에서 하룻밤 신세를 질 뻔했다.

선생은 하버드대 대학원에서 구조공학을 전공한 건축이 본업이지만 민속학자, 문화운동가로 더 많이 알려져 있다. 조씨 성을 가진 선생의 호는 대갈(大渴 크게 목마르다는 뜻)이니 이 또한 유머의 극치다. 시옷을 생략한 조대갈 선생. 한때는 옹翁 자를 파자하여 공우公羽란 호로 에밀레박물관 소식을 외부로 내보내기도 했다.

선생은 미국에서 돌아와 정동 미대사관, 그레헴기념병원, 전주예수병원, YMCA, 대구 계성학교 돔식 강당, 제중병원 등을 설계하고 건축하는 본연의 직업에 충실했다. 그러다가 순수 우리 전통문화에 빠져들어 앞서 말한 유머, 위트 그리고 해학과 풍자가 넘쳐나는 조선의 소박한 미와 강렬한 색채의 아름다움에 빠져 헤어나오지 못했다.

나는 80년대 초 속리산 쪽에서 연말 휴가를 보낼 때 선생을 처음 뵈었다. 그때는 선생이 청구대 건축과 교수직을 그만두고 호랑이, 도깨비를 비롯한 우리 재래의 삼신 사상에 관계가 있는 민화와 토속품 조각과 기와를 모아 연구 겸 정리를 하고 있었다.

그날 오후부터 선생을 모시고 법주사 주차장 부근의 목롯집에 자리를 잡고 마신 술이 새해 아침으로 연결되었다. 그 주점은 황토 바닥이었지만 함께 간 선배와 나는 세배를 올리기 위해 맨땅에 선생을 앉게 하시고 큰절을 올렸다. "잠 한숨 안 자고 일박이일로 새해를 맞기는 처음이군." 하시면서 매우 흡족해하셨다.

밤샘 술을 마신 후 올린 큰절 세배가 선생님과 나를 사제지간으로 묶어주었다. 그날 이후 선생님은 나를 구두목이라 불렀고 나는 두령님으로 모셨다. 선생님이 생존하고 계실 동안 나에게 보낸 편지는 50여 통이 넘었고 사모님은 영문으로 쓴 근황 편지를 수시로 보내주셨다.

나는 살아오면서 존경하는 스승을 갖지 못했다. 스승을 모시려면 학문적 기초가 튼튼해야 하지만 공부보다는 등산과 사냥 그리고 바다 낚시터로 돌아다녀 별로 아는 게 없었다. 새해 아침 선생님께서 멋모르고 용감하기만 한 천학비재한 나를 제자로 받아주심에 그냥 감지덕지할 뿐이었다.

선생님은 살아오시면서 겪고 저질렀던 이야기들을 수시로 해 주셨다. 그중에서 최고로 멋진 이야기는 부산에서 호랑이 병풍을 매입할 때 타고 간 지프를 팔아 모자라는 돈을 지불하고 호랑이 등짝에 올라탄 참새 한 마리를 둘러매고 기차 타고 서울로 돌아온 것이다.

선생님은 개천절 하루 전날인 10월 2일 에밀레박물관에서 해마다 국중대회를 열었다. 내로라하는 이른바 풍류객인 논다니 잡놈들이 전국에서 모여들었다. 오래전이어서 기억이 희미하지만 김금화 무당패, 김덕수 사물놀이패, 전라도 오돌또기패를 비롯 여러 패거리들이 모여 노래하고 춤추는 이 세상에서 쉽게 볼 수 없는 진풍경 놀이판이었다.

어느 한 해는 "서울 인사동에 차 없는 날 한복 입고 모여라."는 두령님의 전갈이 내려왔다. 승복을 입고 친구 둘과 함께 서울로 올라갔다. 인사동 거리를 걷고 있으니 할머니와 아주머니들이 내가 진짜 스님인 줄 알고 합장하고 절을 해대는 통에 부끄러웠지만 매우 재미있었다. 두령님이 무슨 깃발이 달린 장대를 넘겨주시길래 그걸 흔들며 밤 늦도록 술 마시며 돌아다녔다.

사제의 연이 맺어진 후 일 년에 몇 번씩 선생님을 뵈러 에밀레박물관으로 오르내렸다. 갈 때마다 손님들이 북적였다. 대접할 술도 모자랐고 아예 안주가 없었다. 선생님은 석간수를 담은 찬물 주전자에 뒷방에 숨겨둔 양주 한 컵을 부어 한지로 겹겹이 싸둔 청자 사발을 꺼내 한 잔씩 따라 주셨다.

그 술이 무슨 술인지 맛을 아는 사람은 아무도 없었다. 또 청자 술잔에 대한 강의가 이어지자 선생님의 구수한 입담에 혼이 빠져 손님들은 안주가 없어도 탓하지 않았다. "손님들이 내가 건 최면에 걸려든 거야. 비장의 술은 샘물 주전자에 시바스 리갈이란 양주 한 컵을 부은 것이며 청자에 대한 짧은 강의가 바로 안주였어." 선생님의 능청스런 유머와 위트는 미국의 희극 배우 밥 호프 수준을 능가하는 것이었다.

어쩌면 막걸리 집 맨바닥에서 큰절을 올리는 그 순간 조대갈 선생이 건 최면에 내가 걸려들었음이 분명하다. 선생님이 일흔넷 나이로 먼 곳으로 떠났어도 사모의 정은 더욱 깊어만 가고 있다. 내가 삼 개월 반을 작정하고 전국 문화유산 답사를 다니는 아침, 버스 안에서 선생님의 부음을 들었다. 아, 대갈 조자용 두령님! 꿈에라도 혹시 만나면 속리산 문장대에 올라 양주를 탄 찬물을 마시며 붉은 노을 구경을 함께했으면.

둘째 장

세조의 여자, 덕중이

희대의 멋쟁이 임제

조선 사나이들 통틀어 논다면 노는 미스터 '논다이'(MR. PLAY BOY)를 뽑는다면 누가 미스터 진으로 뽑힐까. 모르긴 해도 어느 누가 심사를 맡더라도 백호白湖 임제林悌 같은 이를 천거할 것 같고, 그 정도는 돼야 진선미 시상대를 기웃거릴 후보군에 들 것 같다.

하기야 건드린 여인의 숫자를 헤아리면 연산군을 비롯하여 조선의 임금들도 무시할 존재는 아니다. 그러나 풍류는 어디까지나 양이 아니라 질로 따지기 때문에 역대 임금들이 '베스트 텐'에 들기란 매우 어려울 것 같다. 연애는 권력의 힘으로 눌러서 빼앗는 과일이 아니라 사랑의 기술로 낚아 바구니에 담는 귀한 과일이기 때문에 더욱 그러하다.

임금들의 "오늘밤 성은을 입어라."든가 사또들의 "수청을 들라." 등의 성에 관한 강압적인 예약 주문 장면을 떠올리면 구역질만 날 뿐 아무런 감흥이 일지 않는다. 그러나 옛 한량들이 시를 지어 프로포즈를 하거나 우물가를 지나치며 아녀자들에게 거는 수작들을 보면 그렇게 멋들어질 수가 없다. 멋이라는 말 자체가 바로 풍류인 것이다.

> 북천이 맑다커늘 우장 없이 길을 나니
> 산에는 눈이 오고, 들에는 찬비로다
> 오늘은 찬비 맞았으니 얼어 잘까 하노라
> — 백호의 시 〈한우가〉

초겨울 우장도 없이 함초롬히 찬비를 맞은 백호가 평양 기생 한우寒雨의 집으로 뛰어들며 거는 수작이다. 다분히 의도적이고 기획된 방문이지만 한우는 개의치 않는다. 지게꾼이 선녀를 만나고 한량이 기생을 호명하는 도리가 '눈 감고 아웅' 다 그런 것이다.

> 어이 얼어 자리 무슨 일로 얼어 자리
> 원앙 베개와 비취 이불을 어디 두고 얼어 자리
> 오늘은 찬비 맞았으니 녹아 잘까 하노라
> — 한우의 답시

근사한 넥타이는 멋진 양복에 어울리듯 한우의 답시가 더 멋지다. 많고 많은 기생 중에 시로 멋을 부려 역사 속 명기로 이름을 올린 것은 모두 문학 탓이다. 그래서 문학은 위대하다. 그날 밤 한우는 섭씨 36.5도짜리 맨몸 스토브를 코로나 감염 체온 47도 이상으로 가열하여 찬비 맞아 꽁꽁 얼어 있는 백호의 몸을 눈 녹이듯 녹여준 것은 보지 않아도 불문가지. 백호가 너무 너무 부럽다.

백호의 풍류 끼는 여기서 그치지 않는다. 당시 양반 사회에서는 한두 명의 첩을 거느리는 것은 관행이었다. 선비가 하룻밤 기녀를 품에 안고 언 몸 녹이는 것은 그렇게 특별할 것이 없어 뉴스가 되지 못한다. 그러나 백호가 찬비를 맞고 한우를 찾아가 너스레를 떨던 그 능청스러움이 꽤 비싸게 굴던 한우의 앞가슴을 풀어 헤치게 만들지 않았을까.

미스터 논다이 백호는 벼슬에는 크게 관심을 보이지 않은 자유인이었다. 그는 어릴 적부터 거칠고 자유분방했으며 스무 살까지 스승이 없었다. 사회의 규범이나 속박에 얽매이기를 싫어하여 창루娼樓와 술집 주변을 배회했다. 과거를 보았으나 번번이 낙방했고 늦게 성운成運을 스승으로 만나 삼 년 동안 공부에 매달렸다. 이때 《중용》을 팔백 번이나 읽었다.

스물여덟이 되자 스승에게 하직 인사를 드린 후 산에서 내려와 진사 시험을 거쳐 알성시에 급제하여 벼슬길에 나섰다. 그는 흥양현감 서도병마사 예조정랑을 거쳐 홍문관지제교를 지냈다. 공직사회에는 예나 지금이나 서로 헐뜯고 편당을 지어 공명을 탈취하려는 속물들의 비열한 행동이 쉼 없이 진행되던 때이다. 호방한 성격의 백호에겐 그것이 용서가 되지 않았다. 벼슬살이 10년째, 백호는 관복을 훌훌 벗어 던지고 명산대천을 주유하는 풍류객의 참모습으로 돌아갔다.

> 청초 우거진 골에 자난다 누웠난다
> 홍안을 어듸 두고 백골만 무쳣난이
> 잔 잡아 권하리 업스니 그를 슬허 하노라
> — 백호의 시

이 시는 서도병마사로 임명된 백호가 황진이의 무덤을 찾아가 읊은 시라고 알려져 있다. 양반의 체통을 흐려 놓았다는 것이 문제가 되어 얼마 뒤에 파직당하고 말았다. 백호는 개의치 않았다. 관직에 목숨을 걸 위인은 아니었다.

사실 황진이와 백호가 이 세상에서 만난 적은 없다. 황진이의 생몰 연대가 설사 미상이라 하더라도 유추 짐작해 보면 백호는 황진이가 죽은 다음 7~8년 뒤에 태어났다. 이승에서 한 번도 만나지 못한 어머니뻘 기생의 무덤을 찾아가 시 한 수 읊고 술 한 잔 따라 준 게 파직당할 정도의 죄인가. 풍류도 제대로 모르는 졸렬한 놈들이 정치를 하는 시대가 정말 원망스럽다.

불원, 날이 흐려지면 우장없이 산천을 떠돌면서 찬비나 흠뻑 맞고 싶다. 그래 찬비.

반 고흐 연인, 우리들의 크리스틴

그날 밤 우리가 도착한 시각은 새벽 세 시가 조금 넘고 있었다. 그리 좁지도 않은 골목길은 밤이 너무 깊은 탓인지 호객 행위도 끊겨 있었다. 다만 대문 위에 켜져 있는 홍등紅燈만이 지겹다는 듯이 희미하게 졸고 있었다. 서울에서 내려온 소설가 K의 제안에 후배 시인 L의 맞장구로 우리는 이렇게 유곽거리를 서성이고 있었다.

"그곳에는 예기치 않았던 소설의 소재가 있을지 몰라." K의 약간은 부끄러운 듯한 변명에 "그렇지. 그곳에는 정액 냄새가 물씬 풍기는 시어詩語들이 시궁창에 버려져 있을지도 몰라."라는 동의로 우리의 음모는 쉽게 합의되고 결행됐다. 밤새도록 마신 술기운을 빌려 홍등가의 이 골목 저 골목을 싸질러 다녔지만 소설의 소재가 될 만한 여인도 한 톨의 시어도 발견하지 못했다.

"근처 해장국집에서 해장술이나 한잔하지." 누군가의 또 다른 제의에 발걸음은 다시 목로주점을 향하고 있었다. 우리가 골목을 거의 다 빠져 나왔을 무렵 골목 입구에 박아 둔 돌 위에 얼굴을 치마폭에 묻고 쭈그리고 앉아 있는 한 여인의 모습이 눈에 띄었다.

그 모습은 마치 빈센트 반 고흐가 창녀 크리스틴의 벗은 알몸을 그린 후 〈슬픔(sorrow)〉이라 이름을 붙인 스케치 작품 속의 바로 그 여인이었다. 그림 속의 크리스틴은 몹시 야위었고 유방은 축 늘어져 당시 고흐가 처해 있던 가난하고 서러운 이야기들을 그녀의 살 속에 묻어 놓고 있는 것 같았다. 여기 밤늦은 시간에 길가에 앉아 있는 이 여인은 전체 창녀들의 피곤함과 권태로움 그리고 서러움까지를 온몸으로 대변하고 있었다.

"아가씨, 아가씨, 왜 여기 앉아 있어요?" "시내에 잠시 다녀오니 내 방이 없어졌어요. 다른 아가씨가 내 방에서 손님을 받았나 봐요." 우리 넷은 쉽게 한통속이 되어 낮에는 쉬고 야간영업만 하는 홍등가 주변 목로주점의 방 하나를 얻어 해장 술판을 벌였다. 크리스틴이 우리의 술친구가 되어준 대가를 만 원짜리 지폐 한 장으로 때우고 왁자지껄하게 이야기판을 펼쳤다. 소설가는 소설가대로, 시인은 시인대로 나름대로의 집중적인 질문을 퍼부었다.

"이름은 J라고 해요. 이곳에 온 지 반년쯤 됐어요. 저의 직업은 창녀, 그러나 저의 직업을 부끄럽게 생각하거나 저의 행위를 수치스럽게 느끼지 않아요." 너무나 당돌한 크리스틴의 얘기에 화들짝 놀라 자세히 쳐다보니 그녀는 팔등신에 가까운 몸매에 빼어난 미모를 지니고 있었다. 핏기없는 얼굴과 탄력을 잃어버린 피부가 흠이라면 흠이었다. 우리의 크리스틴은 맥주 한 컵을 단숨에 들이켠 후 이야기를 계속했다.

"대전에서 태어나 그곳에서 여고를 다녔어요. 부자는 아니었지만 여고시절에 아버지가 빨간 자전거를 사줄 정도였으니 아마 중류 가정은 됐나 봐요. 그런데 그 빨간 자전거가 내 운명을 이렇게 돌려놓았어요. 자전거를 타고 등교하는 내 모습이 또래 남학생들 사이엔 선망의 대상이었어요." 크리스틴은 소설가 K가 마시는 술잔을 채근하여 되받아 마시고 얘기를 이어 나갔다.

"저의 발랄한 모습에 눈독을 들이고 있던 불량배들이 저를 끌고 갔어요. 그날은 비가 왔어요. 언니 바바리코트를 몰래 입고 여고생 특유의 감상에 젖어 빗길을 걸었던 게 화근이었어요. 으슥한 헛간으로 끌려가 그렇게 당했어요. 그 짓은 번갈아 가며 계속되었고 나는 죽어 버리고 싶었습니다. 아니 그때 죽었는지도 몰라요. 아저씨, 술 한 잔만 더 주세요."

처절하리만치 잔인했던 크리스틴의 기억이 내게로 전해 오는 순간 그녀의 미모와 아름다운 몸매는 간 곳 없고 고흐가 가장 비참했던 시절에 만났던 창녀 크리스틴이 거기에 앉아 있었다. 꼴깍! 하면서 크리스틴의 목구멍으로 술이 넘어가는 소리와 동시에 눈물방울이 그녀의 두 볼을 타고 흘러내렸다.

"날이 붐하게 밝을 때쯤 풀려났고 나는 죽어버릴 장소를 찾고 있었어요. 어느 곳에도 정착할 수 없는 방황은 시작됐고 방황은 끝내 가출로 이어졌어요. 나를 짓밟고 간 그들을 죽이고 싶도록 미웠습니다. 그러나 세월이 지나고 보니 이제 그들을 용서할 수 있을 것 같아요. 그래서 창녀가 되었는지 몰라요."

 술을 계속 청해 마신 탓으로 약간은 취한 듯한 우리의 크리스틴은 이야기를 또박또박 이어 나갔다. 그녀가 지니고 있는 원초적인 슬픔과 진솔한 얘기는 어느 한구석에서도 창녀로서의 천박함이 내비치지 않았다. 이날 새벽 해장 술판의 분위기는 창녀 크리스틴의 생애가 안주가 되어 그렇게 숙연해질 수밖에 없었다.

 "이 생활에서 당하는 괴로움이 꼭 한 가지 있어요. 월말이면 두 사람의 근로자가 봉급을 받아 쥐고 저를 찾아옵니다. 두 사람 모두 긴밤 손님으로 제 곁에 오래 남아 있기를 원하기 때문에 늦게 오는 어느 한 사람은 쓸쓸한 마음으로 돌아가야 해요. 돌아가는 사람이 불쌍해요. 누구는 남고 누구는 왜 돌아가야 합니까."

 드디어 크리스틴의 넋두리는 울음으로 변했고 우리 셋은 그녀의 통곡을 막을 수 없었다. 한참 후에 가까스로 울음을 그친 크리스틴은 우리를 어느 외로운 손님이 하룻밤을 머물다 간 그녀의 방으로 안내하여 커피 한 잔을 대접했다.

 방안을 휘둘러보니 낡은 비닐가방 하나가 크리스틴의 생애처럼 놓여 있었다. 빗물이 새 얼룩이 생긴 벽에는 "생활이 그대를 속이

더라도 슬퍼하거나 노하지 말라."고 적혀 있는 푸시킨의 시구가 액자로 걸려 있었다. 우린 그곳을 벗어나 〈해 뜨는 집〉의 크리스틴의 영원한 처녀성을 위해 다시 한잔의 술을 마셨다.

세조의 여자, 덕중이

 청령포 나루터 주막에 앉아 소주를 마신다. 강물은 별나라 수군 水軍들의 연병장이다. 병사들은 칼싸움을 하는지 칼날에 튀긴 섬광이 서쪽 하늘로 사라지기도 하고, 강물 속에 빠져 허우적거리기도 한다. 그런 가운데 사원의 큰 등불 같은 달이 은은하게 불을 밝혀 어른어른 달빛을 비춰주면 물속에 잠겨있는 혼령들이 물비늘을 털고 하늘로 올라갈 것 같은 서늘한 밤이다.
 창가에 홀로 앉아 별 안주 없는 강소주를 한 시간쯤 마시기로 했다. 술을 마시며 오늘밤의 화두를 궁녀 덕중이로 정했다. 이곳 청령포는 단종이 귀양 와서 살았던 곳이니 만큼 화두의 주제도 단종이 되어야 마땅하지만 굳이 덕중이를 택한 것은 나름대로 이유가 있다. 단종과 덕중이는 둘 다 세조에 의해 죽임을 당한 사람들이다. 단종은 세조의 조카지만 덕중이는 세조의 아들을 낳은 궁녀, 즉 왕의 여자다. 그리고 단종의 이야기는 역사를 통해 많이 알려져 있지만 덕중이의 사연은 아는 이가 거의 없어 이를 알리기 위함이다.

정한 시간 동안에 단 한 사람만 생각하기란 그리 쉬운 일은 아니다. 스님들이 안거 기간 동안 화두 하나를 들고 선禪에 들지만 용맹정진하지 못하고 사방에서 달려드는 마귀 떼와 이전투구를 벌이는 것도 전력 집중을 하지 못하기 때문이다. 사람의 의식 속에는 무의식(unconsciousness)이 잠재해 있고 무의식 속에도 의식의 흐름(stream of consciousness)이란 게 존재하기 때문에 생각은 꼬리에 꼬리를 무는 법이다.

주막의 창밖으로 보이는 청령포 남쪽 능선은 어둠에 묻혀 희끗하고 별나라 수군들이 병력지원 차 별똥별을 타고 강물 위로 떨어지는 모습들을 보고 있노라면 참선에 든 의식도 곧잘 흐트러지고 만다. 생각이 빗나갈 때마다 각성제로 털어넣는 소주는 혼란을 다스리는 죽비소리가 되기도 한다. 목젖을 타고 내려가는 맑고 투명한 술기운은 목구멍 군데군데 가로등을 밝혀 은은하게 환하다.

조선의 왕들이 자식을 죽이고, 형제를 살해하고, 데리고 살던 처첩을 참수한 예는 아주 흔하다. 영조가 아들인 사도세자를 뒤주에 가둬 굶겨 죽였으며 태종은 왕권을 잡기 위해 형제와 신하들을 때려죽였다. 어진 임금으로 알려져 있는 세종도 왕의 여자인 궁녀 내은이가 내시 손생을 사랑하게 되자 두 연인들을 참형으로 다스렸다.

세조도 이런 문제에 대해선 조금도 뒤지지 않는다. 경주 남산 기슭에 있는 서출지의 전설에 나오는 왕은 거문고집 속에서 사랑을 나누고 있는 궁녀와 연인인 승려를 활로 쏘아 죽이듯, 배반자를 죽이는 데는 도가 튼 사람이다. 그는 질투와 분노의 화신이다. 역사는 원래 승자의 편이어서 세조도 때로는 인간미가 넘치는 사람으로 미화하고 있지만 나는 동의하지 않는다.

덕중이는 수양대군 시절의 세조를 잠저에서 가까이 모셨던 자태가 아름다운 여인이다. 세조가 왕권을 찬탈하여 보위에 오르자 덕중이도 일약 정3품인 후궁의 신분으로 급상승한다. 그러나 왕이 된 세조는 대궐에 들어온 후로 궁녀들의 꽃밭에서 낯선 꽃 꺾기 재미에서 헤어나지 못하고 덕중이에겐 눈길 한번 주지 않았다.

신분 상승에 따른 권세와 호사도 덕중이의 외로움을 깊아 주지는 못했다. 그녀의 마음속에 바람이 일기 시작한다. 원래 끼 많은 여인은 끓어오르는 피의 기운을 억제하지 못하는 불나비의 속성을 지니고 있다. 덕중이가 그랬다. 왕의 여자는 누가 건드려도 안 되고 스스로 '건드려 달라'고 애원해서도 안 된다. 그랬다간 둘 다 죽음을 면치 못한다.

독수공방에서 맞는 밤은 외롭고 쓸쓸했다. 덕중이는 마음속에 점찍어 둔 세조의 동생인 이구의 아들 이준(李浚)에게 한 통의 연애편지를 보낸다. 왕의 여자인 덕중이는 다른 사람을 사랑한다는 것이 죄인 줄을 번연히 알면서도 몸속 은밀한 곳에서 수군거리는 피와 끼의 수다를 이겨내지 못한다.

"봄비가 내려 궁중 연못에 연꽃이 피었습니다. 홀로 연꽃을 보는 방자의 심사는 몹시 곤고합니다. 군께서 잠저에 오실 때 관옥 같은 얼굴을 훔쳐보면서 연모하는 마음을 키워 왔습니다. 심처에 있는 처지라 구구한 마음 전할 길 없으나 죽어도 사모하는 마음 달랠 길이 없습니다."

언문으로 씌어진 덕중의 서간을 받은 이준은 아버지에게 고했고 아비인 이구는 이 사실을 형인 세조에게 무릎 꿇고 아뢰었다. 연서사건의 시말을 보고 받은 세조는 한참 동안 버려두었던 덕중이의 해맑은 얼굴을 떠올리고 묘한 페이소스에 휩싸였다. "내가 너무 했구나, 그래도 그렇지." 세조는 한동안 갈피를 잡지 못했다.

"내가 친히 국문할 것이다. 모두 잡아들여라." 세조의 엄명이 떨어지자 연서를 전달한 내관 최호와 김주호는 목숨이 끊어질 때까지 곤장을 맞는 박살형에 처해졌다. 그리고 이 일에 연관이 있는 궁녀 둘도 볼기짝이 터져 피투성이가 되어 죽었다. 사육신을 능지처참형에 처하고 계유정난을 일으켜 황보인과 김종서를 척살하고 살생부를 만들어 수많은 사람들을 죽인 세조는 눈 하나 깜짝하지 않고 여인의 배신을 곤장으로 다스렸다.

세조는 젊은 한때 자신과 사랑을 나눈 덕중이는 죽이고 싶지 않았다. 그러나 신하들은 지난번 환관 송중에게도 연서를 보낸 적이 있는 그녀의 행실을 들추며 끝까지 엄형을 주장했다. 세조도 할 수 없이 사랑했던 여인 덕중을 도성 밖에서 교수형에 처하게 했다.

  목에 올가미를 거는 순간 덕중은 누구의 얼굴을 떠올렸을까. 세조였을까, 아니면 이준이었을까. 마지막으로 그녀는 무엇을 생각했을까. 우체국에서 연애편지를 썼던 시인처럼 "사랑했으므로 행복하였노라"라고 했을까. 정말 그랬을까. 나중 저승에 가면 세조가 오줌 누러 간 사이 덕중이에게 살짜기 물어 볼 작정이다. 덕중이는 정말 조선 최고의 멋쟁이다. 그런 멋쟁이와 사랑하다 죽어도 좋을 연애 한번 하고 싶다.

고깔 벗어 걸러 왔삼네

젊은 한때 스님들과 친구하거나 형님으로 모시며 보낸 시절이 있었다. 장삼 자락을 날리며 긴 회랑을 건너 법당으로 들어가 부처님께 공손하게 절을 올린 후 목탁 소리에 맞춰 낭랑한 음성으로 독경하는 소리를 듣고 있노라면 스님들의 삶에 깊은 신뢰와 존경이 일곤 했다.

지금도 눈을 내리깔고 탑을 돌고 있는 스님을 만나거나 깊은 암자의 토굴에서 방문객의 예리성도 듣지 못한 채 명상에 잠겨 있는 스님을 보면 그들이 견성성불한 고승대덕이 아닐지라도 저절로 머리가 숙여진다.

그런데 지난 80년대 초 불교계의 내분이 최고조에 달해 있을 때 경주 지역을 담당하면서 그 속을 들여다볼 기회가 있었다. 어느 조직이나 마찬가지겠지만 불교계도 야누스의 얼굴처럼 겉과 속은

확연하게 달랐고 내부로 들어갈수록 비리와 부패는 사바세계와 별반 다를 게 없었다.

당시 불교계는 권력 쟁취란 확실한 목표 아래 돈과 성이 한 마디로 난맥상을 이루고 있었다. 전두환 정권이 보안사를 앞세워 불교계의 기득세력을 내쫓고 새로운 개혁세력에 힘을 실어 줄 때였다. 그러니까 밀고 밀리는 와중에서 언론사로 보내온 폭로 속에는 "어느 절 스님의 애인은 누구며…"라는 '절간 비밀'이 낱낱이 공개되곤 했다.

대단히 송구스런 이야기지만 스님의 부류를 대강 네 가지로 나눌 수 있다. 명상파, 정치파, 보직파, 땡초파 등등. 명상파 스님은 절에 불이 나도 가부좌를 풀 생각조차 못하는 참선 전문 스님들로 그 수가 많지는 않지만 우리나라 불교계를 이끌어 왔고 앞으로도 이끌어갈 그런 스님들이 더러 있긴 있다.

정치파 스님은 대한 불교 조계종 총무원 주변을 맴돌면서 한자리를 노리는 부류. 보직파 스님은 정치파 스님보다는 한 수 아래로 주로 본사 또는 경제력이 좋은 말사의 주지나 삼직(총무 재무 교무)을 맡아 재력을 쌓으려는 부류들이다.

그러나 땡초파 스님은 참으로 인간적이다. 얼핏 보면 무외도식하는 것 같지만 뒤집어 보면 땡초가 참선파 스님도 능히 될 수 있다. 명상파 스님들도 득도하기 전엔 땡초 짓을 하고 다닌 경우가 많았으니 어쩌면 명상파의 전 단계가 땡초일 수도 있다는 생각이 든다.

그러니까 내가 친구했거나 형님으로 모신 스님들은 성불하기 전의 땡초들로 인간적인 너무나 인간적인 스님들이었다. 그중에 어떤 스님은 연전에 어느 암자에 다니러 갔다가 말다툼 끝에 비명횡사한 참으로 어처구니없는 삶을 살다 가신 분이다.

그는 늦깎이로 산문에 들어와 세속의 연을 끊는 데 십 년쯤 걸렸고, 부처님 무릎 밑으로 다가가는데 십 년, 어느 보살과 맺은 업보를 갚는 데 십 년쯤 걸린 땡초이기도 하고 선사이기도 하다. 삼가 '땡초 선사'의 명복을 빈다.

아함 긔 뉘 오신고 건너 불당에 동녕승 이오런이고
홀거사 홀로 자옵는 방에 무슴것 할아 와 계오신
홀거사님의 노감탁이 버서건은 말겟틔 내 곳갈 버서 걸라 왓삼네
— 작자 미상

풀어 읽으면 이렇다. "어흠 거기 누구신가. 건너편 불당에서 동냥하는 중, 저올시다. 거사 홀로 자는 방에 무슨 할 일 있어 와 계시오. 거사님 감투 벗어 걸어놓은 말뚝에 내 고깔 벗어 걸러 왔습니다." 요사채에 방 한 칸 빌려 수양하고 있는 남정네를 유혹하는 비구니의 모습을 멋지게 묘사한 조선시대 사설시조다.

이 시조를 읽다 보니 지금은 이승에 계시지 않는 스님 생각이 간

절하다. '감투 벗어 걸어 놓은 말뚝에 고깔 벗어 걸러 온' 보살만 잘 타일러 돌려보냈더라면 늘그막의 방황과 좌절은 겪지 않았을 것이며 유언 한마디 못하고 떠나는 그런 죽음은 당하지 않았을 것을.

> 물 아래 그림자 지니 다리 위에 중이 간다
> 저 중아 게 있거라 너 가는 데 물어보자
> 막대로 흰구름 가리키며 돌아 아니 보고 가노매라
>   - 정철의 시조

저승에 계신 스님도 이 시조나 자주 외우며 성불하시기를. 타불 나무관세음 타불.

섬마을 비구니의 사랑

바닷가 마을에는 이야기와 전설이 많다. 그 이야기는 대부분 험한 날씨와 파도가 만들어 낸 작품이다. 바닷가 여행 중에 아름다운 사랑 이야기 한 자락을 전해 들으면 그렇게 재미있을 수가 없다. 목욕탕 옷장에 떨어져 있는 오백 원짜리 동전 한 닢 주운 것처럼 반갑고 기쁘다.

이번 겨울 여행 코스를 목포 앞바다에 떠 있는 네 개의 섬으로 잡았다. 안좌도, 팔금도, 암태도, 자은도 등 이른바 신안의 진주 팔찌로 비견되는 곳이다. 오랜 세월 동안 여행을 함께 다녀 더 친할 것도, 더 예쁠 것도 없는 다섯 도반들이 동행이다.

전남 압해도 송공 선착장에서 암태도로 들어갔다. 네 섬 중에서 좌장 격인 안좌도 선착장 정자 어귀에서 갖고 온 찰밥과 손수 끓인 라면으로 점심을 때웠다. 이곳 동네 사람들이 궁금한 듯 기웃거렸지만 그게 뭐 대순가. 우린 '등 따시고 배부른' 작업을 하고 있는 중인데.

우리는 이곳에서 4.3km 떨어진 두리 마을에서 박지섬을 거쳐 반월섬으로 연결되어 있는 '천사의 다리'로 가야 한다. 1,496m의 다리를 건너 섬 일대를 둘러보는 것이 첫 목표다. 두리에서 박지까지는 547m, 박지에서 반월까지는 915m인데 걸으면 걸을수록 신나고 재미있다.

이곳 천사의 다리는 들물 때보다는 썰물이 져 갯골로 물이 빠져나간 다음이 다릿발이 길어 훤출해 보인다. 바다의 속살인 갯벌은 흑백사진의 질감 그대로다. 그 갯벌 너머로 주황으로 놀 진 하늘에서 붉은 해가 보내주는 하루의 마지막 메시지를 읽는 기쁨은 무엇과도 바꿀 수 없는 멋진 일이다.

첫 다리를 건너 박지섬에 도착하니 '중노두 전설'이란 작은 표지석이 발길을 붙잡는다.

박지섬과 반월섬은 갯벌을 사이에 두고 마주보고 있다. 박지 뒷산에는 작은 암자가 있었고 반월섬에도 암자가 있었다. 박지에는 젊고 예쁜 비구니가, 반월에는 잘생긴 비구 스님이 살고 있었다. 두 남녀 스님은 서로 얼굴은 보지 못했지만 멀리서 어른거리는 자태만 보고 사모하는 정이 서서히 키워지고 있었다. 들물일 땐 바닷물이 가로막고, 썰물일 땐 허벅지까지 빠지는 갯벌이 가로막아 서로 오갈 수 없었다. 달 밝은 보름밤이면 반월섬에서 들려오는 목탁 소리가 바다 건너 박지섬으로 은은하게 들려왔다. 그럴 때마다 비구니 스님에게도 무언가 모를 그리운 정이 깊어 갔지만 염불과 목탁 소리로 화답하는 수밖에 다른 도리가 없었다.

세월은 무심하게 흘러갔다. 어느 날, 해탈이 그러하듯 반월섬의 젊은 스님의 생각 속에 한 소식이 스쳐 지나갔다. '이러고만 있어선 안 돼.' 스님은 그날부터 망태기에 돌을 담아 박지섬을 향해 부어 나갔다. 다시 세월은 흘러갔다. 돌망태가 쌓은 돌무지 길의 키도 쑥쑥 자라기 시작했다.

1년이 지나고 2년이 지나갔다. 보다 못한 박지의 비구니 스님도 광주리에 돌을 이고 갯가로 달려 나왔다. 서로가 돌을 이고 지고 돌무지 길에 부어 나갔지만 부끄러워 손 한번 흔들지 못했다. 바닷길은 조금씩 가까워져 갔지만 예쁘고 잘생긴 두 사람의 얼굴엔 주름이 잡히기 시작했다. 이미 중년의 남자와 중년의 여인으로 변모한 것이다.

그러나 그들의 작업은 멈출 줄 몰랐다. 눈보라가 칠 때도, 바람이 불어 몸이 날릴 지경이 되어도 두 스님은 사랑의 돌무지 길을 매듭 엮듯 엮어 나갔다. 시작은 끝이 있는 법. 어느 날 드디어 그날이 왔다. 한 망태의 돌과 한 광주리의 돌이 물속으로 부어지는 순간 더이상 바다가 아니었다. 섬과 섬이 연결되면서 거칠다 못해 부르튼 두 손이 마주 잡혔다. 두 사람은 서로의 얼굴을 바라보면서 하염없이 눈물만 흘리면서 부둥켜안고 서 있었다.

그들은 너무 오래 달려왔고 너무 멀리 와 있었다. 어느새 들물이 들어 바닷물이 불어나기 시작했다. 갯벌을 덮고 발끝에서 찰랑대던 바닷물이 정강이께로 차올랐다. 그러나 둘은 떨어질 줄 몰랐다. 이 광경을 보고 있던 양쪽 마을 사람들이 소리소리 질렀지만 사랑하는 두 연인의 귀에는 그 고함이 들리지 않았다.

동네 사람들이 배를 띄워 급하게 노를 저어 달려왔다. 그러나 바다는 그들의 사랑을 데불고 영원 속으로 사라진 뒤였다. 다시 썰물 때가 되어 바닷물이 빠져나간 갯벌에는 긴긴 사연을 적은 돌무지 길이 길다랗게 누워 있을 뿐이었다.

나는 표지석을 보는 순간 이 사연을 머릿속에서 영화로 찍었다. 그 영화는 반월섬을 돌아 나무다리를 걷는 두 시간 내내 상연되었다. 시방 글을 쓰며 보는 영화는 비구와 비구니가 주연을 맡은 재방송 영화다. 그렇지만 미국 영화 비비안 리와 클라크 게이블이 나오는 〈바람과 함께 사라지다〉에 버금가는 슬프게 아름다운 멋진 영화다.

기차는 돌아오지 않았다

　추억은 자란다. 나이만큼 성숙하고 키만큼 성장한다. 옛 기억들은 날이 갈수록 희미해져 날짜와 장소는 물론 자신의 행위까지도 잊어버릴 수 있다. 그러나 기억의 알맹이인 그리워하는 마음은 추억으로 숙성되어 술빵처럼 부풀어 오른다. 세월의 빠르기는 나이에 비례한다. 기억이 추억으로 변화되는 속도 역시 시간의 속도와 비슷하게 여물어지고 익어간다.
　연인은 떠나버릴 수 있지만 추억에겐 작별을 고할 수 없다. 추억 회상 작업은 희미한 옛일을 떠올려 그리움을 즐기는 단순한 놀이다. 추억은 옛날에 있었던 사실만이 아니라 세월이 지나면서 튀겨지고 부풀려져 아름다운 이야기로 윤색되기 마련이다. 그래서 사람들은 너나없이 자신의 낡은 이야기들을 새롭게 채색해 가는 추억놀이를 즐기고 사랑한다.

추억은 세월이 가면 갈수록 곰삭아 건더기가 남지 않는 까나리 액젓과 같다. 마음 깊은 곳에서 끄집어낸 오래 묵은 기억의 토막들은 모두가 아름답게 치장되어 있다. 비겁하고 치사하게 저지른 과거까지도 스스로 용서하고 화해하면 추억의 차원으로 승화하게 된다. 그래서 '과거가 있는 여인'이란 말 속엔 부끄러운 잘못이 내포되어 있지만 '추억을 간직한 여인'이란 말뜻 속엔 아련한 그리움이 차광막 안의 햇살 찌꺼기처럼 일렁거린다.

나는 삶의 추억들을 수정하는 밑칠 작업을 수시로 수행한다. 그럴 때마다 쓰리고 아픈 음악을 들으며 함께 웃거나 울며 치유한다. 좋아하는 대표곡 중의 하나가 그리스의 성악가이자 가수인 아그네스 발차가 부른 〈기차는 여덟 시에 떠나네〉(To Treno Fevgi Stis Okyo)란 노래다. 이 곡은 그리스 출신 세계적인 작곡가 미키스 데오도라키스가 독재정권에 맞서 싸우다 산화한 친구를 애도하기 위해 만든 슬픈 곡이다.

그는 동족상잔의 내전, 나치 독일의 침범, 군부 쿠데타 등 한스러운 조국의 비애와 레지스탕스의 투쟁을 응원하는 가락이 곡의 곳곳에 숨어 있다. 그가 작곡한 음악은 1967년부터 연주가 금지되었으며 음반 청취까지 허용되지 않았다. 군부가 그를 군사재판에 회부하여 구속시킨 걸 보니 한때 우리나라 사정과 매우 흡사함을 느낀다. 이에 레너드 번스타인, 해리 벨라폰테, 작가 아서 밀러 등 유명인사들이 구명운동에 나서 1970년 석방되어 프랑스 파리로

망명했다. 데오도라키스는 2021년 9월 2일 96세를 일기로 영면에 들었다.

이 노래는 전 세계인들이 좋아하는 명곡이지만 노래를 부른 가수도 빼어난 명인이다. 아그네스 발차(Agnes baltsa)는 그리스 네프카스 섬 출신으로 타고난 애잔한 목소리로 사랑하는 레지스탕스 청년과의 이별의 서러움을 흥건하게 적셔낸다. 거기에다 그리스의 민속악기인 부주키(Bouzouki)가 가수의 등 뒤를 따라가면서 투쟁과 한을 버무린 듯한 정서를 잘 표현하고 있다.

카타리니행 기차는 8시에 떠나가네/ 11월은 내게 영원히 기억 속에 남으리/ 함께 나눈 시간들은 밀물처럼 멀어지고/ 이제는 밤이 되어도 당신은 오지 못하리/ 비밀을 품은 당신은 영원히 오지 못하리/ 기차는 멀리 떠나고 당신은 역에 홀로 남았네/ 가슴 속에 이 아픔을 남긴 채 앉아만 있네

이 노래는 나치에 저항했던 청년이 만나기로 약속한 역으로 돌아오지 못하고 카타리니로 떠나버리자 애틋한 심정을 그린 연가이다. 연인을 만나지 못하고 떠난 청년의 가슴 속엔 사랑보다는 밀서를 전달해야 하는 나라의 안위가 더 중요했다. 청년은 끝내 돌아오지 못하고 적의 총탄을 맞고 숨진다.

그리스에는 〈나타샤〉라는 영화가 이와 비슷한 시기에 제작된 적

이 있다. 나치에 항거하는 파르티잔이 되기 위해 기차를 타고 떠나는 청년의 뒤를 맨발로 쫓아가는 금발 처녀의 모습을 찍은 일품 영화다. 청년이 떠나버리자 나치 장교가 된 이웃 청년이 나타샤에게 사랑을 고백하지만 단호히 거절한다. 그녀는 구사일생으로 돌아온 연인과 함께 정전이 멀지 않은 어느 날 수색작전에 뛰어든다. 청년은 나치의 총탄에 쓰러지고 나타샤만 목숨을 건져 고향으로 돌아온다.

아그네스 발차의 '8시 기차' 음악을 자주 듣고 즐기는 것은 내게도 그런저런 사연이 있기 때문이다. 군에서 육군 소위로 근무하던 젊은 시절 휴가를 얻어 친구 둘과 고향 강변에서 등산용 텐트를 치고 캠핑을 하고 있었다. 마침 강가로 산책 나온 소녀와 어울려 막걸리를 마셔 가며 동요에서 가요까지 알고 있는 노래를 죄다 불렀다.

그 후 사나흘 동안 우리는 그 소녀를 기다렸다. 그녀 역시 강물에 뜬 윤슬 속에 흐느적거리는 달구경을 핑계 삼아 캠핑 사이트로 찾아오곤 했다. 그때 우리는 서쪽 하늘에 별똥별이 떨어질 때 입술이 마주치는 불꽃놀이를 했던가? 기억이 가뭇하네. 소녀는 "내일 오후 4시 기차를 타고 떠난다."고 했다. 소녀는 친구들이 한눈파는 사이에 아직 피지 않은 청춘의 장미 한 송이를 던져 주며 "역에 나와 배웅해 줄 수 있어요?"라고 속삭이듯 말했다.

나는 레지스탕스 청년이 아닌, 다만 휴가 나온 군인일 뿐인데 기차역에서 이별의 주인공이 되다니. 요즘도 아그네스 발차가 부른

'떠나는 8시 기차'란 음악을 들을 때마다 내 의식은 기억이 추억으로 변해 버린 강변으로 달려간다. 기차는 내 고향 하양역을 떠난 후 다시는 돌아오지 않았다.

산에서 길을 잃어버리고 싶어

"숲속에 숨어 있는 절을 그려 보게." 화동들은 스승이 시키는 대로 숨바꼭질하듯 꽁꽁 숨어 있는 산사를 그리는 데 온 정신을 집중하고 있다. 어떤 아이는 솔숲에 가려 보일락 말락 하는 절간 처마를 그린다. 또 어떤 화동은 소나무 둥치 뒤에 서 있는 석탑을 그리면서 연신 흐르는 콧물을 옷소매로 훔치고 있다.

스승이 아이들 사이를 한 바퀴 휙 둘러본다. 마음에 드는 그림이 없나 보다. 덤덤한 표정이다. 그런데 아까부터 무리에서 벗어나 산속 옹달샘을 보며 부지런히 스케치하는 소년이 보인다. 스승은 손짓으로 그를 불러 그린 그림을 펴보라고 한다. 수줍은 듯 혹은 자신이 없는 듯 겨우 펼쳐 보이는 그림 속에는 동자승이 물동이를 지고 산속으로 걸어가고 있다.

스승은 무릎을 탁! 쳤다. 오늘 화동들에게 가르치고자 했던 '보이지 않는 곳의 보임'이 화폭 속에 가득 담겨져 있지 않은가. 스승은 소년이 그린 '숨어 있는 절' 그림을 아이들 앞에 아무 설명 없이 보여주는 것으로 하루의 사생 수업을 마친다.

'숨어 있는 절'을 솔숲에 가려 보일락 말락 하는 처마 끝으로 표현한다면 그것은 이미 드러난 절이지 더 이상 숨어 있는 것이 아니다. 이러한 '보이지 않는 곳의 보임'이 미술에선 여백으로, 문학에선 상징과 은유로, 영화에선 짠한 그리움만 남는 라스트 신으로 나타나곤 한다. 그리고 일상 속에서의 풍류 또한 그림 속의 동자승처럼 숨어 있는 절간은 보여주지 않은 채 그렇게 은근하게 존재해야지 진짜 풍류가 아닐까.

> 약초를 캐다가 문득 길을 잃었네
> 온 산봉우리가 단풍으로 물들고
> 산승은 물을 길어 돌아가네
> 숲 끝에서는 차 달이는 연기가 피어오르네
> — 이이의 시 〈산중〉

아침에 이 시를 읽다가 정말 문득 '숨어 있는 절' 이야기를 기억해 내고 내 나름의 견해를 붙여 보았다. 율곡이 쓴 이 시에도 가을 속의 스님만 보이지 절간은 어디에도 보이지 않는다. 시 속에 산사란 낱말이 없다고 해서 절이 없는 것인가. 아니다. 절간은 차

달이는 연기의 현장에 있고, 물을 길어 가는 산승이 도달하는 곳에 아담한 암자로 분명 존재하고 있다.

여러 해 전, 경산에서 열차사고가 난 적이 있다. 그해 한국기자협회 보도사진전에 '경산 열차사고' 사진이 금상을 받았다. 그런데 열차사고의 현장 사진인데도 열차는 보이지 않았다. 고무신 한 짝이 벗겨진 아낙네가 피 흘리는 어린아이를 안고 대성통곡하는 사진이었다. 그렇다. 변죽을 울려 복판을 설명하는 멋, 그런 멋이 바로 풍류이자 '숨어 있는 절'을 찾아가는 미로 찾기의 묘미가 아니겠는가.

가을 구름은 아득히 떠가고 사방 산은 텅 비어 있으니
낙엽은 소리 없이 땅에 가득히 쌓여 붉게 물들었네.
말을 시냇가에 세우고서 돌아가는 길을 물으니
미처 몰랐구나. 이 몸이 한 폭 그림 속에 있는 줄을.
— 정도전의 시 〈김거사 은거처를 찾아〉

조선조 초기의 학자이자 정치가인 정도전이 쓴 아름다운 시다. 그는 구름 속으로 걸음을 옮기는 스님에게 "저 중아 게 있거라 너 가는 데 물어보자."는 식으로 대하지 않는다. 도리어 "저 중아 내가 돌아가야 할 길이 어디냐."고 산승에게 묻는다. 그러나 스님은 대답할 턱이 없다. 다만 막대로 흰구름만 가리킬 뿐이다.

시인은 바로 그때 깨닫는다. 해탈이 별게 아니다. "미처 몰랐구나, 이 몸이 한 폭 그림 속에 있는 것을." 잘못을 느끼는 순간이 모든 속박에서 풀려나는 때이다. 물아物我일체의 경지. 그리고 시인은 한 폭 그림 속에 갇힌 신선이 된다. 멋스러움도 이쯤 돼야 풍류를 논할 자격이 있을 것 같다.

가을 산이 붉은 스카프를 두르고 아래로 아래로 달려 내려오고 있다. 낮은 산들은 이젠 내려와 안겨도 좋다는 듯 노란 단추를 있는 대로 다 풀어젖히고 두 팔을 벌리고 서 있다. 요즘처럼 졸물 같은 세상, 모든 것 다 뿌리치고 가을 산에 들어가 길을 잃어버리고 싶다. 산승도 만날 수 없는 그런 깊은 산중에 들어가서.

허리하학 강의

〈오우가〉〈어부사시사〉로 널리 알려진 고산 윤선도는 나이 쉰 살 무렵에 성폭행 소문으로 구설수에 오른 적이 있다. 고산은 결국 이 일로 반대 세력인 서인의 모함으로 경북 영덕으로 귀양을 갔다가 1년 만에 겨우 풀려났다. 그러니까 남자의 허리 밑 아랫도리에 관한 일은 로맨스와 스캔들 사이를 왔다갔다하는 야누스의 얼굴과 같은 요물이다. 그것이 관대하게 처리될 때도 있지만 잘못 걸리면 관직 박탈, 귀양 등 정치생명이 끝장나는 수가 흔히 있다.

조선 인조 11년에 병자호란이 일어났다. 청 태종이 직접 나선 전쟁은 조선의 완패로 쉽게 결론나버렸다. 해남에 머물고 있던 고산은 노비 수백 명을 무장시켜 배를 타고 강화도로 향했다. 항해 도중 강화도가 함락되었단 패전 소식을 들은 고산은 뱃머리를 남으로 돌렸다.

강화도 부근 어느 포구에서 다시 남쪽으로 내려올 준비를 할 때 동서인 이희안의 노비 세 사람 중 늙은 계집종의 어린 딸이 고산의 눈에 들었다. 그녀를 첩으로 삼았다. 나중 고산의 서자 학관의 어미가 된 어린 처녀의 당시 나이는 열대여섯 살쯤 되었을까. 이런 정보를 전해 들은 서인들이 가만히 있질 않았다.

"마마, 해남의 윤선도는 전쟁으로 온갖 고초를 겪은 상감께 문안 인사조차 오지 않았습니다. 조정 군사가 패했다는 소식을 듣고 그냥 돌아갔다 하옵니다. 게다가 강화까지 왔다가 피난 중인 어린 처녀를 첩으로 삼았다 하옵니다."

이른바 고산의 성폭행 사건의 전말이다. 인조도 서인들의 상소를 보니 일리가 있는 것 같아 귀양 결정에 이의를 달지 못하고 고개를 끄덕이고 말았다.

정본 《능엄경》을 보면 이런 구절이 나온다. "화류암花柳岩 전前에 활로滑路가 다多하니 행인行人이 도차到此에 진차타盡蹉跎라!" 쉬운 말로 바꾸면 "화류암이란 바위 앞에는 미끄러운 길이 많아 지나가는 행인이 여기에 이르면 너나없이 모두 발을 헛디뎌 넘어지고 만다." 그러니까 똑똑한 벼슬아치이자 대시인인 고산도 예쁘장하게 생긴 노비의 어린 딸로 위장되어 있는 화류암 앞을 지나다 홀라당 미끄러져 육신의 자유가 제약받는 수모를 당했던 것이다.

당시의 사대부들은 노비나 노복의 딸을 첩으로 삼는 것은 예사요, 심지어 성의 노리개로 이용했어도 종들은 항의 한번 하지 못했다. 시대의 관습이나 시속이 설사 그렇다고 하더라도 양반 주인이란 권위와 위세로 상대가 원하지 않는 성행위를 강요한 것은 분명 인륜에 어긋나는 것이다. 그래서 고산은 서인들의 질책과 탄핵을 이겨내지 못했던 것이다.

《홍길동전》을 쓴 교산 허균도 천하의 난봉꾼이다. 그는 1597년 문과중시에 장원급제하여 이듬해 강원도 도사로 나갔다. 부임하자마자 서울의 기생들을 불러 놀아나다 6개월 만에 파직당했다. 끓는 피를 참지 못하던 허균이지만 여행 중 객고나 풀라며 전북 부안의 기생 매창이 자신의 나이 어린 조카딸을 객사 침소에 들여보냈을 때는 분명하게 거절했다.

허균이 쓴 〈교산기행〉을 보면 "신축년(1601) 부안에 닿았다. 김제 군수 이귀의 정인인 기생 매생을 만났다. 그녀는 거문고를 갖고 와 시를 읊었다. 얼굴이 아름답지는 않았지만 재주와 정취가 있어서 이야기를 나눌 만했다. 온종일 술을 나눠 마시며 서로 시를 주고받았다. 침소로 들여보내 준 아이는 내가 돌려보냈다."고 기록되어 있다.

스물아홉인 시인 기생인 매창은 온종일 비가 내려 술맛 당기는 날, 마음에 드는 두 살 위인 문인 나그네에게 자신의 몸을 줄 수도 있었다. 그러나 3개월 전에 떠난 정인에 대한 의리를 지키기 위해 대타를 기용했지만 풍류객인 허균은 얼른 알아차리고 핀치 히터의 환대를 은근슬쩍 피해 가는 멋을 부렸다. 이것이 풍류이자 낭만이다.

 진짜 낚시꾼은 단 한 대의 낚싯대로 물고기를 잡다가 돌아갈 땐 모두 놓아준다. 정말 풍류를 아는 프로들은 닥치는 대로 잔챙이까지 살림망에 집어넣지는 않는다.

 조금 오래전 이야기지만 풍류를 제대로 모르는 국회의원이 여기자의 젖가슴을 만지고, 또 어떤 국회의원은 제수씨를 넘보다 나라가 시끄러운 적이 있었다. 고산과 교산에게 한 수 배우라고 이 글을 썼지만 본데없는 그들이 제대로 알아들었을라나.

검정색 빈방의 그리움

동리 신재효(1812~1884)는 조선조 고종 때 사람이다. 동리는 타고난 멋쟁이다. 그는 오백 석을 하는 중인 신광흡의 3녀1남 중 마흔둥이 막내로 태어났다. 그의 아버지는 관 약방을 하여 부를 쌓았다. 그의 아버지가 재력을 앞세워 양반 자녀들이 공부하는 장성의 필암서원으로 신재효를 유학 보냈다. 그러나 중인 신분이 탄로나는 바람에 학동들에게 몰매를 맞고 쫓겨나고 만다. 필암서원은 거유인 하서河西 김인후金麟厚를 배향하는 호남 최고의 서당으로 현종 3년(1662)에 필암이란 사액을 받은 곳이다. 필암서원은 사액서원으로 한 기에 15명만이 글공부를 할 수 있었다. 당시 양반들 사이에서도 필암서원에 입원하는 자체가 여간 어려운 게 아니었다. 그러니 중인 신분임이 탄로난 신재효는 왕따를 당할 수밖에 없었다.

신재효는 서당 공부를 그만두고 부모를 뵐 면목이 없어 백암산 백양사로 공부 장소를 옮기게 된다. 이곳 백양사는 두 계곡이 합친 곳에 세워진 절로 예부터 소리꾼들이 자주 찾던 곳이다. 신재효는 백양사 계곡에서 어느 고수鼓手를 만난 것이 계기가 되어 그의 인생행로가 바뀌게 된다. 중인 신분으로 어렵디어려운 공부를 하여 과거라는 불확실한 미래에 청춘을 거느니 '소리의 길'에 평생을 바칠 각오를 하게 된다. 신재효는 백양사 생활을 끝내고 남원 순창 임실 전주 등지를 돌며 우리 가락과 우리 소리를 귀로 직접 듣고 몸으로 느낀 후 집으로 돌아오게 된다.

　동리는 38세 때 고창군 고창읍 읍내리 고창읍성 바로 코밑에 초가 일자집을 짓고 명창을 불러 모아 노래청을 열었다. 이 집에는 한때 50여 명의 노래꾼들이 기숙했다니 규모는 물론이거니와 동리의 소리에 대한 열정이 어느 정도였는지 짐작하고도 남는다. 동리의 마음 한구석에는 양반 서당에서 쫓겨난 기억이 한으로 남아 있었다. 출입문인 동문을 낮게 낮춰 양반 아니라 고관대작이라도 소리를 듣기 위해 이 집을 출입할 땐 절하는 자세로 머리 숙여야 들어올 수 있게 만들었다.

　동리는 가진 부로 자신만 호의호식하는 졸부는 아니었다. 그는 선친이 물려준 재산을 배로 불려 1천 석 부자가 되어 있었다. 어느 해 이 지방에 흉년이 들자 그는 곳간을 풀어 배고픈 이웃을 도왔다. 그러면서 그는 이웃들의 자존심이 상하지 않도록 아무 쓸모 없는 물건이라도 한 가지씩 갖고 오게 하여 떳떳하게 양식을 가져

가도록 배려했다고 한다.

　동리는 1850년 서른여덟 살 때 그의 풍류와 뜻을 펼칠 지금 고택 자리에 집을 짓는다. 그는 일흔둘로 죽을 때까지 명창들을 불러 모아 소리를 즐겼고 한편으론 문하생을 길렀다. 그는 또 〈춘향가〉 〈심청가〉 〈적벽가〉 〈박타령〉 〈토끼타령〉 〈가루지기타령〉 등 판소리 여섯 마당의 가사를 정리했다. 그러나 동리의 내면세계는 항상 밝지 못하고 어두운 우수의 그림자가 따라 다녔다. 우선 뛰어난 지적 깨침이 있었지만 중인 신분이어서 자신의 이상을 펴지 못한 것도 하나의 원인이었다. 게다가 아내를 얻기만 하면 상처하는 가정적 불행이 그를 고독의 심연으로 내몰았을 것이다.

　이때 진채선이란 낭자가 제자로 입문했고 재능과 몸이 익어가기 시작하자 두 사람의 인연은 연인 사이로 발전해 갔다. 아마 동리가 사랑을 느끼고 자신의 정열을 오롯이 퍼부은 사람은 채선이가 유일한 것 같다. 호사다마랄까. 두 사람의 사랑 열전에도 훼방꾼이 등장하여 끝내 이들을 갈라놓고 만다.

　고종 4년에 경복궁 낙성식 축하연이 열렸다. 전국의 명창 명기를 비롯하여 이름난 재주꾼들이 다 모였다. 동리는 눈에 넣어도 아프지 않을 채선을 남장 차림으로 공연 잔치에 내보냈다. 동리는 여색질의 명수인 고종의 아버지 흥선대원군의 음흉한 행보를 미리 염두에 두고 있었기 때문이다. 그 예감은 적중했다. 채선은 그 날로 고창 땅으로 돌아오지 못하고 대원군의 애욕의 포로가 되어 버리고 만다.

 먼 훗날 대원군도 죽고 궁에서 벗어난 채선이 단 한 번 고창을 찾아 왔지만 스승이자 연인인 몽매에도 잊지 못하던 동리 선생을 차마 뵙지 못하고 한때나마 정들었던 담벽을 쓸어안고 울면서 뒤돌아섰다고 한다. 권력 앞에 희생된 사랑이 얼마나 슬프고 가련한 것인지를 저지른 자는 알기나 하겠는가.

 동리는 채선을 떠나보낼 때의 나이가 쉰다섯. 그는 다시는 만날 수 없는 채선을 그리며 "스물네 번 바람 불어 만화방창 봄이 되니 귀경가서 귀경가서"라는 〈도리화가〉를 지었으며 북받치는 격정을 〈성조가〉 〈광대가〉 등에 표현하곤 했다.

 동리는 채선을 잃은 슬픔을 이렇게 달래기도 했다. 그가 기거하던 방을 온통 검정색으로 도배한 후 그 칠흑 같은 고독의 심연 속에서 떠나고 없는 채선을 끊임없이 그리워하고 그리워하다 생을 마쳤다. 그리움을 가슴에 묻고 사는 사람들은 행복하다고 사람들은 말한다. 정말 그리움이 한으로 남은 동리도 행복했을까. 다음 생에 그들을 만나면 물어보리라.

셋째 장

퇴계의 에로스 풍류

부석사의 관능

역사 탐방을 할 때 별것 아닌 주제가 승산 없이 끝나는 경우가 왕왕 있다. 이야기는 논쟁으로 연결되진 못하고 무승부로 끝이 나거나 결론을 얻지 못하고 흐지부지되고 만다. "원효와 의상 중 누가 더 미남일까. 요석공주와 선묘아씨 중 누가 더 예쁠까." 부석사행 답사 버스 안의 아침 화제는 대충 이런 것들이다.

의상보다 여덟 살 위인 원효는 경산 압량 시골 촌놈인데 의상은 서라벌 출신으로 둘 다 함께 출가했다. 8년이란 연치의 차는 있었지만 유학길에 함께 오른 걸 보면 나이 어린 의상의 공부가 만만찮았던 모양이다.

원효와 의상. 그들의 인물은 학식만큼이나 출중했으리라. 지금부터 일천사백 년 전 사진기가 없어 그들의 초상을 찍어 두지 않아 정확히 판별할 수는 없지만 여러 역사적 정황을 유추해 보면 두 고승의 모습은 타고난 귀골에 체격까지 늠름 훤칠했으리라. 여인을 호리는 끼에 있어선 단연 원효가 앞설 것 같다. 그러나 의상도 잠시 부처님의 품을 벗어나 원효처럼 서라벌 화류계(?)에서 선수로 뛸 수만 있었다면 또 다른 '설총'이 여러 명 태어났을지도 모를 일이다.

원효는 재才가 승한 지장이라면 의상은 덕德이 출중한 덕장이라 할 수 있다. 원효는 한자리에서 오래 머물지 못하는 단점이 있고, 의상은 한번 앉으면 잘 일어설 줄 모르는 단점이 있다. 그것은 다른 의미에서 장점이기도 하다. 원효는 여러 곳을 돌아다니며 공부를 했으며 글과 말씀과 노래까지 능했다.

둘은 당나라로 들어가기 위해 요동까지 함께 갔다. 공동묘지에서 잠을 잘 때 일이다. 원효는 심한 갈증 끝에 머리맡에 놓여 있는 표주박 물을 시원하게 들이켰다. 그것은 해골에 담긴 빗물이었다. 신라의 역사는 원효가 마신 해골 물을 두고 "유심唯心의 도리를 그 자리에서 깨쳤다."고 말하고 있지만 그것은 아마 초저녁에 마신 곡차가 과했음이 아닐까. 원효는 그 길로 고무신을 거꾸로 신고 서라벌로 향해 걸었고 의상은 초지일관 중국 화엄종의 제2조인 지엄의 문하에 들어가 12년 동안 화엄학을 공부했다.

서라벌로 돌아온 원효는 "자루 없는 도끼를 빌려주면 하늘 받칠 기둥을 찍으련다."고 외치고 다녔다. 원효와 급수가 같은 무열왕이 말뜻을 얼른 알아듣고 원효를 물에 빠트려 과부가 되어 혼자 살고 있는 딸의 집에서 옷을 말리게 한다. 옷을 말리면서 단잠 한숨 자고 났을 뿐인데 원효는 열 달 뒤 요석공주에게서 아들 설총을 얻는다.

의상의 곁에는 선묘라는 하숙집 아가씨가 37세 노총각 스님에게 흠뻑 빠져 헤어나지를 못한다. 그러나 의상의 마음을 움직일 수는 없었다. 의상이 신라로 떠나는 날 아침, 고동을 울리며 배는 떠나고 한발 늦게 도착한 선묘아씨는 음식 상자를 바다에 던지곤 혼절한다. 깨어난 아씨는 "이몸이 용이 되어 임이 가시는 뱃길을 호위하게 하소서." 하며 바다에 몸을 던진다. 그것은 "임께서 가신 길은 영광의 길이옵기에…."라는 한국동란 후인 1950년대 우리 가요의 당나라판 뽕짝이다.

부석사는 선묘라는 아가씨의 사랑의 힘이 없었으면 지어질 수 없었던 아름다운 절이다. 부석사에 갈 때마다 의상도 원효처럼 아들 하나를 얻어 '김총'이라 부르고 대처승 주지로 그렇게 살다 열반에 들었으면 하는 방정맞지만 아름다운 생각을 해 본다.

부석사는 관능이다. 부석사는 아름답다는 수식이 어울리지 않는 차원 높은 아름다움을 유지하고 있다. 의상대사가 당나라 처녀의 신령한 힘을 등에 업고 창건한 부석사는 '아름답다'는 통속적인 찬사를 거부할 정도의 어떤 카리스마를 지니고 있다. 미술사가인 최순우 선생이 입에 침을 말리는 감탄도 한몫을 한 탓도 있지만, 어느 계절에 부석사를 만나더라도 절이 갖고 있는 태생적 아름다움은 이미 한계의 틀을 벗어나 있었다.

　가이드들은 범종루 앞에서 안양루를 쳐다보게 한다. 그는 "다섯 분의 부처가 보이느냐?"고 묻는다. 안 보인다고 말하면 "멀었습니다." 그는 다시 무량수전을 등에 지게 한 후 남쪽 하늘을 가리키며 "아름답습니까?" 하고 다시 묻는다. "무엇이 아름다워요?"라고 대답하면 "아직 멀었습니다."라고 말한다. 해답은 안양루 뒤편의 뻥 뚫린 다섯 공간이 부처님 형상처럼 보이느냐는 것과 남쪽 하늘에 펼쳐져 있는 겹겹 능선들이 아름답게 느껴지는 지를 물었던 것이다. 아는 것이 없으니 보일 턱이 없는 법이다.

　여인이 아무도 범접할 수 없는 강한 카리스마를 지니고 있으면 빳빳하게 풀 먹여 둔 남성의 풀기가 확 빠져 버리는 법이다. 그리고는 본래의 아름다움이 으스스한 공포로, 다시 무감각으로 이어져 이솝우화에서 여우가 한 말처럼 "포도는 시다."라며 따먹어 볼 엄두도 내지 못하고 돌아서버리게 된다. 아름다운 꽃 옆에는 귀신이 살고, 귀신 옆에는 사람이 붙지 않는다. 내게 있어 부석사는 꽃보다 아름답다.

　무량수전 배흘림기둥을 보고 서 있으면 발가벗은 여인 앞에 서 있는 느낌이다. 그런데도 〈밀로의 비너스〉 앞에 서 있는 것처럼 풀기로 잘 장전되어 있는 비아그라적 남성 본능이 전혀 일지 않는다. 예술을 관능으로 보는 무지에 벌을 내린 까닭일까, 아니면 그 관능이 예술 이상의 것으로 승화되었기 때문일까.

비너스는 팔이 없기 때문에 예술적이고, 더 관능적이다. 팔은 원래 인간의 오욕을 퀵서비스하는 심부름꾼이다. 밀로의 비너스에 두 팔이 성하게 달려 있었으면 탄력 있는 엉덩이에 미끄러질 듯 걸쳐진 실크 옷자락 속에 숨겨져 있는 성을 제대로 지켜내지 못했을 것이다. 그리고 부끄러움을 거두어 줄 두 손이 있었다면 약간 뒤틀린 육감적인 여체에 붙어 있는 터질 듯한 젖가슴과 잘 익은 포도알 같은 젖꼭지 그리고 생명의 시원인 배꼽도 가려지고 덮여져 '여신의 원형'이란 찬사와 함께 '미의 극치'로 승화되진 못했으리라.

부석사는 혼자 있을 때 아련하게 떠오르는 그리운 절집이다. 찾아가 만나면 주눅이 들고 만나고 뒤돌아설 땐 항상 걷어차였다는 생각뿐이다. 부석사에 대한 그리운 정을 이젠 제발 끊었으면 좋겠다.

단지마다 술이 가득

시에 곡을 붙이는 일이나, 곡에 가사를 붙이는 일은 어려운 작업이다. 글을 읽고 그림을 그리는 일이나, 그림을 보고 그것에 걸맞은 글을 쓴다는 것도 쉽지 않은 일이다. 그런데 시와 곡이, 그리고 글과 그림이 속궁합 맞듯 한몫 맞아떨어지면 그렇게 좋을 수가 없다.

간송미술관이 소장하고 있는 오원 장승업의 〈귀거래도〉는 그림으로선 분명 명작 반열에 드는 출중한 것이지만, 도연명의 〈귀거래사〉를 읽고 그린 그림으로선 뭔가 표현이 부족한 느낌이다. 오원의 손끝에서 흘러나온 치기가 그림에 화려와 과장을 불러와 도연명이 추구하는 소박한 이상과는 맞지 않는다는 말이다.

반절짜리 족자에 그려진 〈귀거래도〉에는 뭉게구름이 피어오르는 산밑에 집과 나무 그리고 수탉과 병아리 거기에다 화폭 맨 밑

강가에는 배 한 척까지 떠 있다. 어디 그뿐인가. 길 위에는 노송의 가지와 선비로 보이는 사람까지 그려져 있다.

그런데도 생략 없이 그려진 이 그림을 아무리 들여다보아도 관직생활을 미련 없이 버리고 고단한 육신을 끌고 고향집으로 돌아가는 도연명의 단순명료한 무욕의 정신은 도무지 보이지 않는다. 그것은 아마 시인이 직접 체험한 것을 '귀거래사'란 글로 쓴 것과 오원의 간접 경험을 '귀거래도'란 그림으로 옮긴 것의 인식과 관념의 차이가 이런 괴리감을 빚었나 보다.

차라리 무릎을 겨우 넣을 좁은 방안에 술 항아리를 끌어안고 홀로 독작하는 노인을 그린 다음 화제를 '귀거래도'라고 붙였으면 훨씬 가슴에 와닿는 느낌의 진폭이 컸으리라. 나는 지금도 〈귀거래사〉의 진미는 집으로 돌아온 도연명이 '술이 가득 담긴 항아리 옆에 앉아 잔을 기울이며 마당에 서있는 나무를 보고 웃음 짓는' 장면에서 우러나온다고 생각하고 있다.

> 자, 돌아가련다. 내 귀한 마음을 천한 육체의 노예로 삼았었다. 지난 일은 후회한들 고칠 수 없고 어제의 일들이 모두 틀렸음을 깨달았다. 집에 돌아오니 머슴들이 마중을 나와 주었고 어린 자식들이 문간에서 나를 기다리고 있었네. 아이의 손을 잡고 방에 들어가니 안방에는 단지마다 술이 가득하구나. 항아리와 잔을 끌어당겨 혼자 마시며 마당의 나무를 보고 웃음 짓는다.

무릎을 겨우 넣을 비좁은 장소임에도 더 이상 편안할 수가 없구나. 세속의 인연을 끊어 버리자. 다시 수레를 타고 무엇을 구하러 나갈 것인가. 내 생이 곧 사라짐을 느끼네. 육체가 이 세상에 깃드는 것이 얼마 동안이리오. 하늘에 맡겨 죽으면 죽으리니 천명을 즐기며 살면 그뿐 근심할 일 아무것도 없다네."(〈귀거래사〉 요약)

요즘은 시골길도 포장 안 된 곳이 별로 없다. 그렇지만 낯선 산에서 길을 잃고 헤매다 가시나무와 소나무 등걸에 긁힌 몸으로 소달구지나 겨우 드나드는 맨땅 길로 내려섰을 때 문득 중국 동진 때 시인인 도연명 선생 생각이 날 때가 더러 있다. 먼지가 폴폴 나는 시골길을 수레를 타고 집으로 돌아가면서 입속으로 〈귀거래사〉를 읊조리는 시인의 모습은 부러울 정도를 넘어서 정말 환상적이다. 하산하여 먼짓길을 걸어 도시에 있는 집으로 돌아가야 하는 내가 너무 처량하여 더욱 그런지도 모르겠다.

집념과 집착은 비슷한 낱말이지만 속뜻은 다를 때가 더러 있다. 집념은 인간이 지향하고 있는 어떤 목표에 도달하기 위한 노력의 과정에서 빚어지는 마음자리이지만, 집착은 건전한 목표가 아니거나 목표는 옳다고 하더라도 달성 이후의 용도가 나쁜 결과를 가져올 때 사용하는 단어다. 그것은 '현명wise'과 '영리clever'란 단어의 속뜻 차이를 생각해 보면 쉽게 알 수 있다.

시인은 이 시에서 집념과 집착, 모두에서 벗어난 대자유인의 모습을 보여주고 있다. 진정한 자유인의 모습이야말로 살아있는 신선이 아니고 무엇이겠는가. "집에 돌아오니 어린 자식들이 문간에서 나를 기다려 주었고 안방에는 단지마다 술이 가득하구나. 육체가 이 세상에 깃드는 것이 얼마 동안이리오. 하늘에 맡겨 죽으면 죽으리니 천명을 즐기며 살면 그뿐 근심할 일 아무것도 없다네." 나는 이 글을 읽을 때마다 무릎을 치는 찬탄이 절로 튀어나온다. 아무리 읽어도 싫증이 나지 않는 구절이다.

시인은 마흔한 살 때인 서기 405년 심양도 팽택현의 현령 벼슬을 하고 있었다. 요즘의 군수나 읍장쯤 되는 그런 자리다. 그런데 이 벼슬보다 조금 높은 자리의 어떤 자가 순시에 나서면서 "의관을 속대하고 영접하라."며 아니꼽게 거들먹거린 모양이다. 시인은 "오두미(五斗米·봉급)를 얻기 위해 향리의 소인에게 허리를 굽힐 수 없다."며 부임한 지 80일 만에 관직을 버리고 집으로 돌아간다. 이때 지은 시가 〈귀거래사〉이다.

원래 자연을 동경하여 산천에서 살고 있는 삶이 영원으로 이어지기를 희구하는 자유인은 속세의 소인배들과 어울리지 않는 법이다. 시인도 오두미에 집착하고 권력에 집념을 갖고 있었다면 그 순시관의 비위를 맞추면서 더 오래 공직 생활을 영위했을 것이다. 그랬다면 우리는 불후의 명작인 〈귀거래사〉를 접하지 못했을 게 분명하다.

세월이 1,400년이 지났지만 아직 소인배들이 지배하는 시대는 끝나지 않았다. 우리나라의 정치판이나 관료 세계에도 오두미 때문에 머리 조아리며 벼슬에 연연하고 있는 자들이 부지기수다. "아닌 것은 아니다."라고 큰 소리로 말할 수 있도록 청와대와 국회의사당 앞뜰에 동상 하나씩 세우고 싶다. 〈귀거래사〉를 읊으며 고향으로 돌아가는 도연명의 단출한 모습을.

불 꺼진 창과 〈딜라일라〉

거문도를 떠올릴 때마다 아득하다는 생각이 먼저 든다. 그건 '그립다'와 '가기 어렵다'는 현실이 맞부딪칠 때 혼성 듀엣으로 들려오는 의식의 소리다. 백여 개의 바위 군락인 백도를 끼고 있는 거문도는 육지에서 제주도보다는 분명 가까운 거리에 있다. 그러나 그곳으로 갈 수 있는 교통수단을 떠올리면 두 배나 더 먼 거리로 느껴져 더욱 아득해질 뿐이다.

언뜻언뜻 떠오르는 생각 속에 보고 싶은 것의 그림자가 보일 때 우리는 그것을 그리움이라고 말한다. '언뜻 생각'의 묽고 진한 농도에 따라 그리움은 짙어지거나 옅어질 수도 있다. 대부분의 사람들은 보고 싶은 이의 초상이 뇌리에서 좀처럼 지워지지 않으면 '그 집 앞'을 서성이거나 '불 꺼진 창' 밑에서 〈딜라일라〉를 불러야 한다. 그러나 나의 그리운 상대는 주로 '자연 속의 풍광'이기 때문에 소극적인 방법으론 구제받을 수 없다. 그래서 배낭을 꾸려 들메끈을 졸라매고 길을 나설 도리밖에 다른 방법이 없다.

어릴 적엔 세월이 그렇게 빨리 달아나지 않는다. 세월의 속도 자체를 감지하지 못한다. 그러다가 나이가 들고 아내와 아이가 생기고 얼굴에 주름살이 자신도 모르게 깊어지기 시작하면 세월의 무게와 부피를 느끼게 된다. 그것도 모자라 황혼에 가까워오면서 서녘의 나무 그림자들이 키를 키워 갈 무렵이면 세월의 속도는 조급함으로 바뀌게 된다.

어린 시절 강둑에서 달리기를 하면 강물의 속도를 따라잡지 못하지만 성인이 되어 다시 그 강둑에서 강물과 뜀박질 시합을 하면 강물이 뒤처지고 주자인 자신이 앞서 있음을 알게 된다. 그래서 20대는 시속 20km, 60대는 60km, 80대는 자신이 액셀러레이터를 밟고 있는지, 브레이크를 밟고 있는지도 잘 구분하지 못하면서 과속에 걸려 스티커를 여러 장 끊기게 된다.

서부 영화를 보면 황야에서 흙먼지를 일으키며 말을 타고 온 인디언이 갑자기 멈춰 서서 자신이 달려온 먼짓길을 멍하니 바라보고 서 있을 때가 있다. 그건 너무 빨리 달리다 보니 미처 따라오지 못한 자신의 영혼을 기다리고 있는 장면이라고 한다. 나는 내가 앞서 달리고 있는지 아니면 인디언의 영혼처럼 뒤따라가고 있는지도 모른 채 숨가쁘게 달려와 오늘 이 자리에 서 있다.

황혼이 배경으로 깔린 무대에 서 보니 황야에서 멍하니 흙 먼짓

길을 돌아보는 인디언처럼 걸어왔던 길이 되돌아 보일 때가 있다. 여태 살아오면서 많은 산과 바다 그리고 여러 섬들을 헤집고 다녔지만 아직 안 가 본 곳과 한두 번 가 본 곳이 '어서 오라'고 손짓을 하고 있다. 그중에서도 거문도가 추억의 갈피에서 가장 먼저 튀어나와 '빨리 달려와 딜라일라를 불러보라.'고 채근한다.

그리움의 대상이 사람일 경우 그리움의 실체는 영과 육으로 구분 지을 수 있다. 정신과 육체는 둘 다 너무 소중하여 어느 것이 먼저라고 우열을 가릴 수가 없다. 육체를 도외시하는 아가페적 사랑은 고귀하긴 하나 너무 싱거워 맛이 없다. 그러나 육체의 쾌락을 동반하는 에로스적인 사랑은 생명 창조의 근원이긴 하나 때론 무질서 속의 남용이 짜고 맵게 느껴지기도 한다.

음식의 경우도 이와 비슷하다. 사람의 뇌는 '구운 고기와 레드와인'을 함께 먹었을 때 쾌락을 평가하는 두뇌 부위가 훨씬 활성화된다고 한다. 사람들은 여행과 마찬가지로 음식에서도 변화와 다양성을 함께 추구한다. 16세기 유럽에 고추가 보급되기 시작하자 매운맛이 인체에 그렇게 위험하지 않다는 것을 알게 되면서 음식의 조미료로 고추가 히로인의 자리를 굳히게 된다.

매운 음식을 먹으면 '내인성 아편'이 분비돼 신체가 달릴 때 느끼는 쾌감(Runners high)을 경험할 수 있다고 한다. 그것은 곧 기쁨과 중독의 경계라고 흔히 말한다.

꽤 오래전에 산 친구 몇몇과 거문도에 간 적이 있다. 배를 타고 백도를 한 바퀴 돌다가 심한 풍랑을 만나 널부러진 개구리처럼 초주검이 되어 돌아왔다. 우린 그날 저녁 거문도의 명물 항각구국을 먹기로 했는데 속이 울렁거려 반도 못 먹은 아픈 추억을 가지고 있다. 항각구국은 야생 엉겅퀴를 삶아 팍팍 치대 쓴맛을 우려낸 다음 된장에 버무려 싱싱한 갈치를 넣어 젓국으로 간을 맞춰 끓인 기가 막히는 음식이다.

"샛바람에 혼쭐이 났구먼. 이거 항각구국이나 한 그릇 마셔 부러. 금시 내려갈 테니께." 별르다가 아직 못 가고 있는 거문도엘 가야겠다. 그 항각구 식당의 불이 꺼져 있더라도 가서 〈딜라일라〉를 한 곡조 뽑아야겠다.

달빛 냄새

 물질에서만 냄새가 나는 건 아니다. 느낌에서도 냄새가 난다. '사람 냄새가 난다.'는 말은 그 사람의 체취를 지칭하는 것은 아니다. 그 사람의 따뜻한 정과 순후한 인품을 느낌으로 말할 때 가끔씩 냄새를 차용해 온다.
 나는 마음에 드는 절집에 가면 달빛 냄새가 나는 듯한 아름다운 생각을 하게 된다. 절이라고 모두 그런 건 아니다. 인간 세상에서 좀 멀리 떨어져 낡은 토기와 사이에 와송과 청이끼가 자라고 있는 고졸미가 흐르는 그런 암자에 가면 달빛 냄새를 맡을 수 있다.
 지난 주말 토요산방 도반들과 경주 남산의 칠불암에 올랐다. 그곳은 묘하게도 갈 때마다 사람의 마음을 끄는 마력이 있어 오래 머물고 싶어진다. 그 까닭을 곰곰이 생각해 보니 사방불과 삼존불 등 일곱 부처님이 가지고 있는 각기 다른 도력道力이 한곳으로 뭉쳐져 신도가 아닌 사람에게까지 '아! 참 좋다.'는 생각을 하게 만드는 것 같다.

칠불암의 일곱 부처님의 모습은 한결같이 온화하고 자애롭다. 천년이 넘는 세월 동안 온갖 풍상을 겪었지만 아이 갖기를 소원하는 아녀자들에 의해 콧등만 베어 먹혔을 뿐, 얼굴 모양은 아직도 멀쩡하다. 원래는 보물 200호였으나 연전에 국보 312호로 승격했다.

칠불암에서 오른쪽 가파른 암벽을 타고 올라가면 또 하나의 숨은 보물이 수줍은 미소를 띠고 참배객을 맞는다. 보물 199호인 신선암 마애보살상이다. 이 보살상은 칠불암 위에 직벽으로 서 있는 남쪽 바위에 새겨져 있다. 두 사람이 어깨를 나란히 걸으면 비좁을 정도의 절벽 길을 20m 정도 걸어 들어가야 한다.

국보인 칠불암은 암자의 마당에 나앉아 있고 보물인 마애보살상은 찾아오기 힘들 정도의 벼랑 끝에 숨어 있다. 그래서 그런지 몰라도 나는 사방불이나 삼존불보다 마애보살상이 더 마음에 끌린다. 아마 칠불암에서 느끼는 달빛 냄새도 이 보살상이 입고 있는 얇고 보드라운 실크 이미지의 천의天衣가 바람에 일렁거리면서 바람기 많은 달빛을 붙잡고 놓아주지 않기 때문이리라.

칠불암은 최근 몇 년 만에 모습이 크게 바뀌었다. 겉모양뿐 아니라 내실까지 다져져 누가 봐도 내공이 단단함을 쉽게 짐작할 수 있다. 그건 부처님의 자비 공덕이기도 하지만 인연의 끈 따라 흘러

온 신임 비구니 암주인 예진 스님의 열정 어린 노력 덕분이 아닌가 싶다.

스님은 무너져 가는 요사채를 일으켜 세우기 위해, 관할 관청을 찾아다니며 남산의 사랑방 격인 칠불암의 복원을 애원하고 다녔다. 그 뜻이 마침내 이뤄져 문화재청과 경주시의 지원으로 헬리콥터 수송비만 1억 5천만 원이 소요되는 불사를 거뜬하게 이뤄낸 것이다.

남북으로 앉은 정면 삼 칸 측면 한 칸짜리 요사채는 북쪽 문만 열면 사방불과 삼존불 등 일곱 부처님이 훤히 보이는 적멸보궁 역할을 톡톡히 해낸다. 또 문을 닫아걸면 법당으로 바뀌어 염불 소리가 낭랑하게 울려 퍼지고, 공양 시간이 되면 밥상 위에 숟가락 놓는 소리가 목구멍으로 침 넘어가는 소리보다 오히려 작게 들린다.

이곳 칠불암은 물이 귀한 곳이어서 특히 겨울철에는 식수가 모자라 애를 먹는다. 그래도 스님을 비롯한 자원봉사자들이 항상 밥을 많이 해두고 손님들에게 "공양하고 가세요." 하고 푸근하게 베풀고 있다. 요즘은 이곳에서 공양 신세를 진 청장년층에서 템플스테이를 요청하는 경우가 많아 절 문은 항상 열려 있다.

칠불암은 경주 남산 중에서도 기가 한곳으로 모이는 곳으로 소문이 나 있다. 우선 동해 대왕암 쪽에서 떠오른 아침 해가 토함산을 넘어 남산 고위봉의 칠불암을 비춘다. 밤이 되면 맞은편 능선에서 솟아오른 달빛이 별빛을 섞어 신선암의 마애보살상을 비추면, 부드러운 미소가 달빛 냄새로 둔갑하여 계곡 아래로 번져 나간다.

동트기 전 신선암 마애보살상 앞에 기다리고 있으면 햇빛의 각도에 따라 보살상의 모습은 시시각각 변한다. 흔히 '백제의 미소'로 알려지는 서산 마애존불의 모습처럼 여러 형상으로 바뀌다가 머리에 쓰고 있는 보관과 꽃을 든 오른손이 금색으로 변하는 것을 끝으로 꿈에서 깨어난다.

예진 스님이 차려준 점심 공양 상에 소쿠리 가득한 상추쌈은 정말 풍성했고 날된장 맛은 기가 막힐 만큼 좋았다. 음력 칠월 백중 지나고 한 사흘 뒤 달이 뜰 무렵 신선암에 올라 그 달빛 냄새를 코를 킁킁거리며 맡아보고 싶다.

머리카락, 그 추억이 새겨진 황홀한 기억

굵은 빗방울이 떨어지는 장마 속에 앉아 노래를 듣는다. 우리 가요 중에 기억에 남아 있는 비의 연가는 신중현의 〈빗속의 여인〉과 김추자의 〈봄비〉뿐이다. 오랜만에 들어보니 곡 자체가 너무 단조롭고 따라 부를 수 있을 정도로 귀에 익은 것이어서 금방 싫증이 났다.

유튜브에 들어가 여기저기를 기웃거리다 보니 들어본 적은 없지만 제목이 근사한 노래가 눈에 잡혔다. 〈비의 리듬을 들어봐요〉(Listen to the rhythm of the falling rain.)라는 약간은 경쾌하지만 빗속에서 들을 만한 그런 곡이었다. 가사의 내용은 이러했다. "내 좋아하던 유일한 여인이 떠나갔어요. 내 마음도 함께 가져가 버렸어요. 제발 그녀의 심장에 비를 내려 우리가 알던 그 사랑이 자라나게 해줘요."

갑자기 쇼팽의 피아노곡인 〈빗방울 전주곡 15번〉이 떠올랐다.

비 올 때마다 자주 들었던 이 곡을 가요와 가벼운 음악을 듣느라 깜빡 잊고 있었던 것일까. 아니야. 사실은 장마가 시작하는 날부터 이 곡을 계속 들어 왔기 때문에 약간의 싫증을 빌미로 잠시 외도의 길로 들어섰나 보다. 앞서 이야기한 〈비의 리듬〉이란 곡의 내용이나 쇼팽의 〈빗방울 전주곡〉이 만들어진 상황도 모두 사랑하는 여인의 떠나버리는 사연이 겹치기 때문에 나의 머릿속의 생각이 서로 비슷한 것끼리 그룹을 지어본 것 같다.

쇼팽의 연인은 소설가로 이름을 날리던 조르쥬 상드로 6년 연상이었다. 상드는 쇼팽의 귀족적 용모와 음악의 천재성에 반해 먼저 사랑을 고백했다. 쇼팽은 남장을 하고 시가를 피우며 돌아다니는 자유분방한 기질의 상드를 달갑게 생각하지 않았다. 그러나 대부분의 남자들은 적극적으로 공격해 오는 애정 공세를 처음에는 재미 삼아 즐기지만 넘어가지 않을 도리가 없는 것이 수컷들의 속성이다. 어느 파티에서 만난 둘은 첫 키스 후 급속도로 가까워지다 보니 연정의 불꽃은 타오를 수밖에 없었다.

폐결핵 환자인 쇼팽은 각혈을 자주 할 정도로 건강상태가 아주 나빴다. 상드는 쇼팽을 정양시킨다는 구실을 앞세워 발데모사 수도원에 거처를 마련하고 본격적인 동거에 들어갔다. 그녀는 아들 모리스와 딸 솔롱쥬를 데리고 아무에게도 알리지 않고 떠났다. 수도원 지역은 열악한 환경이었으며 비가 잦은 우기로 접어들어 결핵 환자인 쇼팽은 견디기가 몹시 힘들었다. 사랑하는 두 사람은 그래도 좋았다. 수도원 주변의 사람들은 도망쳐온 두 예술가들을 못마땅하게 생각했으며 대놓고 욕을 하거나 비난과 질시가 도를 넘을 정도였다.

쇼팽은 주위의 시선들이 사나워 지내기가 고통스러웠지만 상드의 애정어린 사랑이 모든 불편을 덮어 주었다. 그는 마요르카 시절을 자신의 전성기라고 느낄 만큼 24개의 전주곡을 비롯하여 모두 26개의 곡을 작곡했다. 쇼팽 역시 전주곡 중에서도 〈빗방울 전주곡 15번〉을 대표곡으로 생각할 정도로 사랑했다.

상드는 아들을 데리고 결핵약과 식료품을 사기 위해 팔마 읍내로 나간 사이에 굵은 빗방울이 수도원 지붕에 떨어지기 시작했다. 상드를 기다리던 쇼팽은 빗소리를 피아노 건반으로 받아 적으며 지루함을 이겨내고 있었다. 빗방울 속에는 자신이 앓고 있는 결핵에 대한 두려움과 상드를 향한 사랑과 미래를 향한 불확실한 희망에 대한 공포 등 온갖 감정이 범벅이 되어 빗방울과 함께 흘러 내리고 있었다. 곡 전체를 통해 빗방울 소리처럼 들리는 A-flat 음이 반복되다가 2부로 넘어가면 건반 위에 모든 음들이 폭우가 되어 흥건하게 젖어 들었다. 장엄했지만 처절했다.

상드의 회고록에는 이날의 감회를 이렇게 적어 두었다. "돌아오는 길에 갑자기 폭우가 쏟아져 물이 불어 급류로 변했다. 길을 돌아 6시간 걸려 한밤중에 도착했을 때 쇼팽은 절망적인 표정으로 미친 듯이 건반을 두드리고 있었다. 아, 나는 당신이 물에 떠내려가 죽었다고 생각했어요."

쇼팽의 건강이 나빠지자 둘 사이는 차츰 멀어져 9년 만에 결별하고 만다. 그는 아픈 몸으로 영국 연주 여행을 강행한 후 이듬해 여동생이 임종을 지키는 가운데 영면에 들었다. 상드는 임종 순간에도 나타나지 않았다. 사랑이 가버리면 몸이 먼저 떠나고 코뚜레에 묶여 있는 마음도 질질 끌려 떠나는 법이다. 쇼팽은 연인의 딸 솔롱쥬의 손을 잡고 있다가 하늘나라로 올라갔다. 쇼팽의 심장은 유언에 따라 고국 폴란드 바르샤바 성십자성당에 안치되었다.

쇼팽이 떠나고 난 후 그의 유품 속엔 상드의 머리카락 한 묶음이 흰 봉투에 들어 있었다. 그 머리카락에는 추억이 새겨진 황홀한 기억이 냄새로 배어 있다는 것을 아는 사람은 안다.

퇴계의 에로스 풍류

 퇴계의 풍류는 '낮 퇴계 밤 퇴계'란 말로 요약되고 완성된다. 이 말 속엔 동양 최고 학자의 풍모와 너무나 인간적인 사람의 냄새가 동시에 묻어 있는 멋진 찬사다. 만약 "낮 퇴계와 밤 퇴계가 같다."고 했을 땐 '늘푼수' 없는 선비의 좁쌀 같은 이미지만 비추어질 뿐 아무런 매력이나 멋을 느끼지 못할 것이다. 여인에 대한 최대의 찬사가 '낮엔 요조숙녀 밤엔 요부'라는 말에 동의할 수 있다면 '낮 퇴계 밤 퇴계'는 이하동문이다.
 인간의 정신과 육체는 서로 물고 있는 관계여서 어느 것이 우위에 있다고 단언할 수 없다. '닭이 먼저냐 달걀이 먼저냐.'는 질문과 비슷하다. 머릿속에 지식깨나 들어 있는 식자층은 "그거야 정신이 우위에 있지."라고 흔히 말한다. 굳이 틀린 말은 아니지만 맞는 말도 아니다. 건강한 육체에 건강한 정신이 깃들듯 육체를 하대하고 정신만 높이 사면 거푸집 없이 짓는 건물과 같고 육체를 떠난 정신은 집 없는 노숙자 신세를 면치 못하리라.

하이데거의 《존재와 시간》에 이런 이야기가 있다. 시간의 신이 인간에게 백 년이란 시간을 주었다. 죽고 나면 정신은 영혼의 신이, 육체는 흙의 신이 가질 권리가 있다고 했다. 그러나 살아 있는 백 년 동안은 슬픔과 불안의 신이 지배하는 것으로 미리 정해 두었다. 참으로 취할 것 없는 허무한 이야기다. 너와 나, 우리 모두는 이 덫에 걸려 있는 사람들이다.

그러니까 정신은 하나님의 영역에 많이 편입되어 있고 육체는 인간의 영역에 포함되어 있다가 죽음을 맞는 순간 서로 흡수되고 통합되어 새로운 시작을 향해 행진을 한다는 사실이다. 그래서 정신과 육체를 굳이 분리하여 생각할 필요가 없다는 결론에 도달하게 된다.

그러나 남녀 간에 몸을 배제한 정신만의 만남은 한때 반짝하는 정전기의 발작이거나 그리움의 유혹일 뿐 남는 것은 하나도 없다. 진정한 사랑이란 육체가 경험한 아름다운 기억을 정신이란 반석 위에 세운 집과 같은 것이다. 그 기억을 추억으로 승화시켜 그리워할 줄 아는 육체는 능히 정신과 융합하여 불멸의 바다에서 자유롭게 유영하거나 더러는 역사 속의 이야기로 남아 오랜 세월 동안 인구에 회자되기도 한다.

퇴계는 자신보다 남을 먼저 배려하고 벼슬에 연연하지 않은 참다운 선비였다. 그는 평생을 근면과 검소로 버텼고 간소한 묘비명만 자식들에게 허락했을 뿐 예를 갖춘 장례까지도 마다할 정도였다. 그런 근엄하고 학덕이 깊은 학자가 아홉 달 동안의 단양 군수 시절에 두향杜香이란 어린 기생을 만나 생애가 끝나는 순간까지 애타게 사랑하는 마음을 지녔다니 이 얼마나 고맙고 아름다운 일인가.

퇴계 나이 48세 때 18세인 관기 두향을 만났다. 두향은 총명했고 학문과 예술의 깊이가 예사롭지 않았다. 두 번째 부인과 사별한 지 두 해째인데다 매화를 가꾸는 솜씨가 비범한 그녀였으니 매화를 좋아하는 퇴계가 빠져들기엔 충분하고도 남았다. 이는 주자학의 거두 주세붕이 《대학》을 줄줄 외우며 그 이치를 꿰고 있던 탁문아라는 기생과 함께 자주 청량산에 들어가 학문과 사랑을 나눴다는 이야기와 궤를 같이한다.

퇴계는 짧은 임기를 마치고 떠나는 전날 밤 두향의 치마폭에 "죽어 이별은 소리조차 나오지 않고 살아 이별은 슬프기 그지없다"(死別己吞聲 生別常惻惻)는 시 한 수를 적어 준다. 그리고 단양을 떠날 때 두향이 정표로 퇴계에게 선물한 분매 한 그루만 가마에 싣고 고향으로 돌아온다. 퇴계는 숨을 거둘 때까지 20년 동안 이 매화를 사랑하는 연인 대하듯 애지중지한다.

두향의 분매는 흰 눈과 얼음 같은 살결과 옥과 같은 뼈대를 지닌 보기 드문 빙기옥골(氷肌玉骨)이었다. 그 매화는 가지치기를 잘하여 등걸은 드러나 있고 줄기는 알맞게 구부러져 가지는 성깃하고 꽃은 드문드문 붙어 있는 최고의 단엽백매였다.

이 매화를 잠시 서울에 두고 고향으로 내려온 퇴계는 못내 그리워 손자 안도를 시켜 자신의 거처로 가져오게 한 적도 있었다. 두향의 혼이나 다름없는 아취고절(雅趣高節)의 분매를 보자 퇴계는 "원컨대 님이시여, 우리 서로 사랑할 때 청진한 옥설 그대로 고이 간직해 주오"(願公相對相思處 玉雪淸眞共善藏)라는 글을 짓는다. 이는 사랑할 때 나눈 운우지정을 그리워하며 두향에게 바치는 최고의 헌사가 아니었을까.

퇴계가 열반에 드는 날 아침 아랫사람에게 "분매에 물을 주라."는 마지막 유언을 남긴다. 저녁 무렵 "와석을 정돈하라."고 이르고 벽에 기대어 두향의 사랑이 가지마다에 서려 있는 매화를 바라보며 조용히 눈을 감는다. "사랑하는 사람아!"

한편 두향은 퇴계가 죽자 그리움에 지친 22년의 세월을 마감하고 강물에 몸을 던진다. 퇴계가 시를 써준 치마와 수절을 맹세하고 자른 옷고름은 두향의 시신과 함께 충주댐 옥순봉 기슭에 묻혀 있다.

두향을 생각하며 고정희 시인이 쓴 〈네가 그리우면 나는 울었다〉는 시 한 편 읽는다.

길을 가다가 불현듯/ 가슴에 잉잉하게 차오르는 사람/ 네가 그리우면 나는 울었다/ 목을 길게 뽑고/ 두 눈을 깊게 뜨고/ 저 가슴 밑바닥에 고여 있는 저음으로/ 첼로를 켜며/ 비장한 밤의 첼로를 켜며/ 두 팔 가득 넘치는 외로움 너머로/ 네가 그리우면 나는 울었다/ 너를 향한 기다림이 불이 되는 날/ 나는 다시 바람으로 떠올라/ 그 불 다 사그러질 때까지/ 어두운 들과 산굽이 떠돌며/ 스스로 잠드는 법을 배우고/ 스스로 일어서는 법을 배우고/ 스스로 떠오르는 법을 익혔다…/ 그만큼 어디선가 희망이 자라 오르고/ 무심히 저무는 시간 속에서/ 누군가 내 이름을 호명하는 밤,/ 나는 너에게 가까이 가기 위하여/ 빗장 밖으로 사다리를 내렸다/ 수없는 나날이 셔터 속으로 사라졌다/ 내가 꿈의 현상소에 당도했을 때/ 오오 그러나 너는/ 그 어느 곳에서도 부재 중이었다/ 달빛 아래서나 가로수 밑에서/ 불쑥불쑥 다가왔다가/ 이내 바람으로 흩어지는 너/ 네가 그리우면 나는 울었다.

율곡의 아카페 사랑

옛날 과거를 보기 위해 길 떠난 선비가 주막을 지나쳐 어둠을 만났다. 인가를 찾아야 한술 밥과 잠자리를 구해야 할 터인데 난감했다. 문경 세재를 지나 충청도 어느 첩첩산골쯤이었다. 사위는 조용한데 저 멀리 보일락 말락 하는 희미한 불빛을 발견했다. 선비는 체면 불고하고 문을 두드렸다.

문을 따 주는 주인은 눈가에 짙은 우수가 서려 있는 젊은 여인이었다. 선비는 자신의 처지를 이야기하고 하룻밤 묵어가게 해달라고 간청했다. 그런데 문제는 부엌도 제대로 없는 단칸방이었다. 그렇지만 선비의 고단하고 허기진 행색을 외면하기에는 사정이 너무 급박했다. '남녀유별'이니 '남녀칠세부동석'이니 그런 말들은 어려운 형편 앞에선 한갓 사치스런 수사修辭일뿐 말이 되지 않는 말이었다.

여인은 별 반찬 없는 밥을 지어 선비에게 대접했다. 그런 연후에 비좁은 방에 이부자리를 깔고 잠자리에 들게 했다. 그러면서 여인은 이부자리 사이를 손으로 금을 그으며 "만약 정욕을 품고 이 선을 넘으면 선비께서는 짐승이 되는 것입니다."라고 말했다. 선비는 재워주고 먹여주는 것만으로도 감지덕지한 일이어서 '짐승이 한번 되어 볼까.'란 아름다운 환상을 접어 버리고 말았다.

여인과 선비는 호롱불을 끄고 누웠다. 그런데 이상한 것은 온종일 걸어 온 피로가 수면에 방해만 될 뿐 잠이 오지 않았다. 여인도 마찬가지였다. 하마나 짐승으로 둔갑하여 가랑이 사이의 쌍방울 요술 방망이를 들고나오는 무슨 낌새가 있을 법한데 선비는 짐승 되기를 포기하는 것 같았다. 눈 감고도 잠을 자지 못하는 밤샘은 차라리 형벌이었다.

동이 틀 무렵 여인은 몸부림을 치며 한쪽 다리를 선비의 다리 위에 걸치는 마지막 신호를 보냈다. 그래도 선비는 꼼짝하지 않고 누워 있었다. 여인은 비녀를 찾아 꽂으면서 "아이구 짐승만도 못한 것, 차라리 짐승이 낫지." 하고 중얼거렸다. 선비는 아침밥도 제대로 얻어먹지 못하고 쫓겨났다. 그러면 그 선비가 과거에 합격이 됐을까. 천만에, 그런 싸가지 없는 선비가 벼슬을 하면 우리나라처럼 나라가 안 되는 법이지.

율곡 이이의 풍류 우화를 읽다가 문득 옛 우스개가 생각나 기억을 더듬어 적어 보았다. 율곡이 황주 기생 유지柳枝를 만나 "마음에 두긴 했으나 몸을 가까이하지 않았다."고 실토한 기록을 보니 에로스의 문턱을 넘지 못한 두 사람의 타는 목마름이 안타깝기 짝이 없었다. 차라리 늑대 같은 짐승이 될 일이지 선비와 여인처럼 '짐승만도 못한 것'이 되면 따르는 후학들의 가슴에도 안타까운 멍이 새겨진다는 것을 그들은 왜 알지 못했을까.

한국 불교 선종의 중흥조인 경허(1849~1912)선사는 《혼불》을 쓰고 죽은 최명희처럼 '혼'으로 살다 간 선지식이다. 그가 충남 서산의 천장암에 머물고 있을 때 온몸이 피고름투성이인 미친 여인이 암자로 찾아왔다. 밥 짓는 공양간 보살이 힘으로 끌어내리려 했지만 온몸으로 버티는 앙탈을 이겨 낼 수 없었다. 선사는 자신의 선방으로 여인을 불러들여 열흘 동안 한 이불 속에 자면서 함께 몸을 섞는 고행을 통해 그녀의 정신병을 고쳐 주었다. 오천 원짜리 지폐에 얼굴이 새겨져 있는 율곡의 처사와 십 원짜리 동전에도 얼굴이 없는 경허를 비교해 보면 누가 옳은 일을 한 것일까. 분별 없는 섹스가 때로는 모랄해저드에 빠지는 경우가 더러 있긴 하지만 이런 경우엔 중생을 늪에서 건져 내는 보시 중의 보시가 아닐까.

유지는 선비의 딸이다. 신분이 몰락하여 황주 기생으로 있었다. 내가 황해도 감사로 갔을 적에 어린 기녀로 수종을 들었다. 날씬한 몸매에 얼굴은 맑았고 두뇌는 영리했다. 내가 그녀의 자태와 재능을 가련하게 여겼다. 그러나 처음부터 정욕의 뜻을 품은 것은 아니다. 그 뒤 내가 원접사(중국 사신을 맞는 벼슬)가 되어 평안도로 오고 갈 적에도 유지는 언제나 안방에 있었지만 하룻밤도 몸을 가까이 하지는 않았다. 계미년(1583·율곡의 나이 48세) 가을, 내가 해주에서 황주로 누님을 뵈러 갈 때에도 유지를 데리고 여러 날 술잔을 함께 들었다. 해주로 돌아올 때에 그녀는 조용한 절까지 나를 따라왔다. 그리고 이별하였는데 내가 밤고지(황해도 재령) 강촌에 묵게 되었는데 밤에 어떤 이가 문을 두들겨 나가 보니 유지였다. 불을 밝히고 이야기를 나눴다. 아! 기생이란 다만 뜨내기 사내들의 정을 사랑하는 것이거늘 이렇게 도의를 사랑하는 자가 있을 줄 알았으랴. 게다가 내가 받아들이지 않는 것을 보고도 부끄럽게 여기지 아니하며 도리어 감복하는 것은 더욱 보기 어려운 일이다. 아깝다. 여자로서 천한 몸이 되어 고달프게 살아간다는 것이. 그래서 노래에 사실을 적어 정에서 출발하여 예의에 그친 뜻을 알리는 것이다. 보는 이들은 그렇게 짐작하시라.

이 기록은 《율곡전서》에는 없고 이화여대 박물관에 소장되어 있는 율곡이 직접 쓴 글을 옮긴 것이다. 율곡은 황해도 관찰사로 부임하여 해주에 있을 때인 나이 서른여덟에 유지를 만났다. 율곡과 유지는 십 년이 넘도록 서로 사모하는 정을 키워왔지만 결국 가문과 벼슬의 체면에 꽁꽁 묶여 에로스란 하늘에 매달려 있는 붉은 과일을 따 먹지는 못했다.

　강촌의 그 날 밤, 사랑하는 이에게 몸을 주러 왔으나 받아들여지지 않고 거절당한 유지의 마음은 어떠했을까. 날이 밝자 율곡이 써 준 이별 시 한 수를 품에 품고 남들의 눈을 피해 몰래 집을 나서는 유지의 모습을 생각하면 상처에 소금을 뿌린 듯 아리고 따갑다.

　사창가의 노래인 〈해 뜨는 집〉(The House of The Rising Sun)을 들으며, 부끄러운 아침 햇살 속으로 쓸쓸히 떠나간 유지를 추억한다.

서화담의 수상한 몸짓

　화담 서경덕(1489~1546)은 이 자리에 모시지 않으려 했다. 송도삼절(화담, 황진이, 박연폭포) 중의 백미인 황진이가 갖고 있는 귀한 무엇을 공짜로 주겠다며 제 발로 찾아왔는데도 끝내 받지 않았다니. 화담에게는 아예 멋있는 풍류라는 게 없는 줄 알았다.
　대신에 진이의 유혹에 넘어가지 않으려고 무진 애를 쓰다 결국 애욕의 늪에 풍덩! 빠지고 만 지족선사를 대타로 기용하기로 했다. 그리고 진이의 무덤을 찾아가 술 한잔 올리며 시를 읊고 간 백호를 핀치 히터로 등장시켜 '풍류 기행'의 라스트 신으로 마무리 지으면 어떨까 생각하기도 했다.
　그런데 늦은 밤, 잠에서 깨어나 화담의 마음이 되어 진이를 생각해 보니 나이와 체면 때문에 가까이 다가서지 못한 애증의 그림자가 그렇게 짙고 절절할 수가 없었다. 그래서 글을 쓰지 않고는 불면의 밤을 이겨낼 수 없을 것 같아 저승이라는 먼 나라에 계시는 화담과 진이를 오시게 하여 푸닥거리 한 판을 벌이기로 했다.

　나는 근엄한 사람을 싫어하는 편이다. 어릴 적 내가 다닌 시골 교회의 장로님같이 고지식하거나, 교감으로 승진하지 못한 고루한 초등학교 4학년 담임선생 같은 사람, 허우대는 멀쩡한데 별것 아닌 것을 끝까지 우기는 우리 동네 복덕방 영감, 화담도 그런 부류의 사람인 줄 알았다. 그러니까 노 브래지어 차림으로 찾아온 진이를 포옹 한 번이면 하늘이 몽롱해지는 에로스의 동산으로 인도하지 못했겠지.

　화담과 진이의 사랑에 플라토닉 러브라는 화관을 씌워선 안 된다. 그들은 몸과 몸이 부딪쳐 불꽃을 튀기는 사랑에는 실패한 사람들이다. 에로스eros적으로 성공하지 못한 사랑을 그들의 명성에 눌려 플라토닉으로 치장한다는 것은 양심을 기만하는 일이다. 플라토닉 러브란 사랑의 헛기침이며 우둔한 환상이며 형편이 어려운 사람이 지어낸 수사修辭다. 진짜 사랑은 쟁취하는 자만이 얻을 수 있는 붉은색 하늘 과일이며 그 이름은 에로스다.

　《화엄경》 행원품을 보면 "보시는 소유욕을 버리는 실천행으로 반드시 재물 공양에는 법 공양이 따라야 한다."고 가르치고 있다. 그것은 "보시를 할 땐 마음만 주지 말고 물질까지 얹어 주라."는 말이다. 바꿔 말하면 "사랑을 할 때는 생각만으로 간음하지 말고 몸까지 던져라."는 바로 그 말씀이다. 정조는 입술과 젖가슴에 달

서화담의 수상한 몸짓

려있는 게 아니다.

"마음이 어린 후니 하는 일이 다 어리다.
만중운산(萬重雲山)에 어느 님 오리오마는
지는 잎 부는 바람에 행여 긘가 하노라

― 화담의 시조

진이의 생몰 연대가 확실치 않아 헤아리기 어려워도 화담과의 나이 차이는 넉넉잡아 십오륙 년. 미모와 재능 그리고 학식까지 두루 갖춘 진이가 화담의 인품을 숭앙한 나머지 열 번 찍을 각오로 찾아온다. 이 시는 화담이 정인이 아닌 문하로 진이를 받아들인 다음 자꾸만 산란해져 가는 마음을 시조로 읊은 것이다.

화담의 마음자리를 짚어 보기란 이 시조 한 수로 충분하다. "설월이 만창滿窓한데 바람아 부지 마라/ 예리성(신발 끄는 소리) 아닌 줄은 판연히 알건마는/ 그립고 아쉬온 적이면 행여 긘가 하노라"는 무명 시인의 절규와 사뭇 닮아있다. 화담의 '꿀 먹은 벙어리'의 내색 못하는 타는 목마름이 어떠했을지는 짐작하고도 남는다. 진이의 화답이다. 진이는 하마나 하고 기다렸지만 화담의 꼴난 체면은 '그 집 앞'을 오가며 서성이게 허락하지 않는다.

마음아 너는 어이 매양에 젊었는다

내 늙을 적이면 넨들 아니 늙을소냐
아마도 너 쫓아다니다가 남 우일가 하노라

남의 웃음거리가 될 것을 두려워하는 화담의 안타까움이 시조라는 붉은 각혈덩이로 쏟아놓는다. 세상에 이렇게 슬픈 광경이 또 있을까. 일본 작가 에쿠니 가오리는 "세상에 가장 슬픈 풍경은 도쿄타워에 비가 내리는 것"이라고 했지만 그건 화담의 통곡 앞에는 한 방울 눈물보다 못한 것이다.

에로스는 생의 본능이지만 타나토스thanatos는 죽음의 본능이다. 인간은 사랑을 찾아 생의 의욕을 다지는 에로스적인 면과 모든 것을 파괴하려는 타나토스적인 면을 동시에 지니고 있다. 이 모순은 서로 충돌할 것 같지만 그렇지 않다.

화담의 마음속에는 두 개의 서로 다른 에너지가 공존하면서 많은 갈등을 겪었겠지만 죽어서도 진이에 대한 사랑은 아마 포기하지 않았을 것이다. 그래서 나는 두 사람의 몸짓이 아직도 수상하다고 여기는 것이다.

성자, 마을에 돌아오다

　어릴 적 놀이터는 금호강이었다. 멱감고, 다슬기 줍고, 돌 틈 뒤져 퉁가리 잡고, 우산살 작살총으로 모래무지 잡고, 파리낚시로 피라미 낚고, 반두로 수초 속 붕어 잡고, 오! 많기도 해라. 그중에서도 가장 멋있어 보이는 신사놀음이 파리낚시로 피라미를 잡는 것이다.
　피라미 낚시는 낚싯줄에 가짜 파리 몇 마리를 묶은 대나무 낚싯대 하나와 목에 거는 소쿠리만 있으면 된다. 그러나 낚는 방법은 흐르는 물에 낚싯줄을 띄우고 바람과 물결의 방향에 따라 적절한 고패질을 해 주어야 피라미들이 제대로 문다.
　다시 말하면 일정한 리듬에 따라 낚시바늘이 흘러가는 반대 방향으로 낚싯대를 쳐 주어야 한다. 고기가 물렸을 때 너무 세게 치면 피라미는 미늘 없는 바늘에서 떨어져 공중에서 곤두박질친다.

반대로 흘러가는 대로 그냥 놔두면 가짜 미끼라는 걸 얼른 알아차리고 물지 않는다. 날씨와 물결과 바람의 방향을 익혀 감을 잡기까지는 꽤 시간이 걸린다.

난을 그리는데 삼전지묘(三轉之妙)란 기법이 있다. 난 잎이 자연스럽게 세 번 휘어져 뻗어 나가는 모습을 붓으로 묘사하는 기술인데 욕심을 앞세우면 절대로 성취할 수 없다. 그래서 옛날 선비들은 '우란 삼십, 좌란 삼십'이라 했다. 그것은 좌우 기법을 익히는 데 각각 삼십 년이 걸린다는 말이다.

피라미 낚시도 이와 비슷하다. 내 고향에는 피라미 낚시의 명인 두 사람이 있었다. 필이 아버지인 안 씨와 원이 아버지인 이 씨가 그들이다. 그들은 혼자서 낚시를 즐길 뿐 어느 누구와도 함께 다니지 않았다. 해거름에 이 씨의 피라미 낚시 솜씨를 먼발치에서 구경한 적이 있다. 궁금한 나머지 그 비법을 물어보니 답은 이외로 간단했다. "고기가 놀고 있는 곳에 던지면 돼." 그런데 고기가 어디서 놀고 있는지는 가르쳐 주지 않았다. '우 피라미 삼십, 좌 피라미 삼십'이었다.

세상에는 특출내기도 있고 신출내기도 있는 법이다. 시간만 나면 강으로 나가 낚시질을 한 덕으로 '제법'이란 소리를 들을 정도가 되었다. 여름 오후에 나가 저물녘까지 피라미를 잡으면 비늘에 햇살이 톡톡 튀는 윤슬처럼 보이는 싱싱한 은빛 축복이 바구니에 가득했다.

대학 일 학년 여름. 서울의 어느 미술대를 다니던 나보다 몇 살 위인 남녀가 우리 집 아래채에 세를 얻어 들어왔다. 이른바 사랑의 도피처가 우리 집이 된 것이다. 남자는 석일石日, 여자는 우경雨瓊이라고 했다. 이름인지 호인지 하여튼 근사해 보였다. 석일 형은 오토바이를 타다 다친 반점 흉터가 얼굴에 거뭇했고 우경이 누나는 아주 예쁘지는 않았지만 프랑스 영화에 출연한 배우처럼 멋스러웠다.

석일 형은 내가 통근열차를 타고 학교에 가고 나면 온종일 하릴없이 빈둥거렸다. 나는 석일 형을 강으로 끌어내어 피라미 낚시를 가르쳐 손놀림을 제법 익숙하도록 만들었다. 재미를 붙인 그는 내가 학교에 가는 평일에도 강으로 나가 제법 많은 양의 피라미를 낚아오곤 했다.

토요일이면 밀짚모자를 삐뚜로 쓰고 낚시질에 열중하고 있는 석일 형과 여름 오후를 함께 보냈다. 땅거미가 낄 무렵에 〈성자, 마을에 돌아오다〉(Oh, When the saints go marchin' in)라는 루이 암스트롱과 해리 베라폰테가 자주 불렀던 노래를 휘파람으로 불면서 강둑을 따라 집으로 돌아오곤 했다.

매캐한 모깃불이 지펴진 마당의 살평상 위에는 어머니와 우경이 누나가 함께 민 손국수, 그것도 파란 호박나물이 듬뿍 얹혀 있는 손국수가 우리를 기다리고 있었다. 어머니는 보릿짚을 태워 미리 달궈둔 조선 솥뚜껑에 피라미 '찌짐'을 붙이느라 정신이 없다. 석일 형은 시골에 내려와서 배운 막걸리 생각이 간절하여 입맛을 쩍쩍 다시며 앉아 있다. 나는 그를 위해 빈 주전자를 들고 대문 밖으로 달음질쳐 나간다. 옆집 초가지붕 위로 솟아오른 달이 빙긋 웃는다.

넷째 장

발가벗고 소 등 타고 이랴!

겨울 바다의 적막

　겨울바다는 아주 몽환적이다. 때론 신비스럽기까지 하다. 그 몽환 속에 잠들어 있는 겨울 바다란 악보를 연주할 수 있는 건 오로지 고요와 적막뿐이다. 정적靜寂이란 데시빌을 최대치로 높여 놓을 때가 눈이 오는 겨울 바다의 아침나절이다. 그때 바다는 어떤 악기의 소리도 거부하고 오로지 바람에게 만 활을 주어 연주를 하게 한다.
　바람은 아무런 악보 없이 바이올린을 켜듯 활을 짧게 밀고 길게 당기는 것 같지만 그게 아니다. 하늘과 맞닿아 있는 수평선에서 고무줄놀이를 하는 바닷새들의 몸짓을 음표인 양 읽고 무심한 척 하면서 음 하나, 박자 하나 놓치지 않고 그렇게 연주를 하는 것이다. 그 음악은 귀로는 들을 수가 없고 다만 두 눈에 전달되는 음감을 온몸으로 느껴야 한다. 나는 겨울 바다가 전해주는 무언의 메시지 같은 〈겨울 교향곡〉을 사랑한다.

　겨울 바다는 귀가 어두운 베토벤의 제5번 심포니 〈운명〉이 '적막을 위하여'란 부제를 달고 소리가 들리지 않도록 연주하는 야외공연장이다. 또 다른 한편으로 생각하면 '고요'라는 주제의 소묘 작품들이 무진장으로 널려있는 노천 미술관이기도 하다. 선창에 정박하고 있는 어선들, 섬으로 연결되는 출렁다리, 폐선의 녹슨 닻이 쌓여가는 눈雪에 자기 본래의 색깔을 헌납하고 흑백사진과 같은 수묵의 뼈다귀만 드러내놓고 있다.

　겨울 바다는 무음無音, 무반주無伴奏, 무채색無彩色 등 무無자 화두 하나씩을 들고 동안거에 들어 있는 바닷가 선방이다. 그래서 겨울 바다는 외롭고 쓸쓸하다. 모든 외로운 것들은 그 존재의 쓸쓸함을 치유하기 위해 누구에게서든지 위안받기를 원한다.

　그러나 위안이란 자체가 사실은 공허한 것이다. 무대에 선 가수에게 터지는 스포트라이트 속의 갈채는 무한한 칭송이지만 무대 의상을 벗어버린 빈 몸은 허허롭기 짝이 없다. 불안한 내면을 남들이 엿볼까 봐 조바심하다 끝내 술과 마약에 기대지만 그것이 영생을 약속해 주지는 않는다. 마를린 먼로와 휘트니 휴스턴의 짧은 삶이 그랬다.

　"울지 마라./ 외로우니까 사람이다./ 살아간다는 것은 외로움을 견디는 일이다./ 눈이 오면 눈길을 걸어가고/ 비가 오면 빗길을 걸어가라./ 가끔은 하느님도 외로워서 눈물을 흘리신다./ 새들이 나뭇가지에 앉아 있는 것도 외로움 때문이고/ 네가 물가에 앉아 있는 것도 외로움 때문이다./ 산 그림자도 외로워서 하루에 한 번씩 마을로 내려온다./ 종소리도 외로워서 울려퍼진다.(정호승의 시 〈수선화에게〉 중에서)

그리움에 지쳐버린 사랑하는 사람들만 외로움을 느끼는 건 아니다. 법당의 중앙에 앉아 계시는 석가모니 부처님도 우물천장 밑 빈방의 공허가 너무 쓸쓸해서 항마촉지인降魔觸地印을 하고 계신다. 하나님 아버지도 너무 외로워서 "찬양하라, 쉬지 말고 기도하라."며 인간들을 다그친다. 아마 그것은 인간들의 나태를 질책하고 기도하는 가운데 잘못을 반성하여 목표하는 바를 성취하라는 깊은 뜻이 담겨 있었을 것이다.

겨울 바다는 허영이자 사치다. 나는 겨울 바다를 좋아하지 않았다. 생선회의 유혹이라면 몰라도 내 문학의 허기를 채우기 위해 겨울 바다를 찾은 적은 한 번도 없었다. 문학을 사랑하는 이들의 무턱댄 겨울 바다에 대한 동경과 그 센티멘털리즘에 동의할 수 없었던 것도 하나의 이유였다. 사실이지 겨울 바다 예찬론자 중 겨울 한 철 동안에 바다에 한 번도 가보지 않은 이들이 얼마나 많은가.

눈 내리는 남도 바닷길 여행을 떠났다가 제대로 된 겨울 바다를 만났다. 강진 인근의 마량포구 초입의 가우도를 품고 있는 저녁 풍경을 보았다. 이 동네 겨울 바다는 내가 여태 봐 왔던 그런 바다가 아니었다. 식욕이고 문학이고 모든 걸 집어치우고 '그냥'이란 낱말을 앞세워서라도 찾아가 보아야 할 겨울 바다, 고요와 적막을 무반주 음악으로 들을 수 있는 그런 겨울 바다였다.

　추억은 기억의 화면이 아닌 소리로 복원될 때 가장 명징하다고 한다. 집으로 돌아가 완연한 봄이 올 때까지 이곳 겨울 바다에서 연주되고 있는 '적막을 위하여'란 심포니가 귓가에 계속 들려올 것만 같다.

달의 바람기

 달은 바람기가 많다. '휘영청'이란 낱말만 봐도 달이 감추고 있는 속뜻을 알 만하다. '휘영청'이란 달의 수식어는 무엇을 갈구하는 여인네의 낭창낭창한 가녀린 허리 곡선을 연상시킨다. '휘영하다'는 말은 뭔가 허전하다는 뜻이다. 허전하여 무엇을 갈구하는 마음은 반드시 만족하도록 채워주어야 한다. 그 허전함을 채우는 방법은 이성의 따뜻한 손길밖에 없다.
 해는 양이고 달은 음이다. 둘 다 누드인 채로 우주 공간을 지키고 있다. 그러나 태양은 강한 빛을 쏘아 어느 누구도 바로 쳐다보지 못하도록 살짝 맨몸을 가리고 있지만 달은 자신의 육체를 자랑스럽게 드러내고 있다. 물속에서 발가벗고 목욕하고 있는 달을 보고 "물은 알몸의 달을 숨겨주려고 물결을 이루며 혼란스럽게 아롱거리고"라는 시가 있다. 달은 누가 보든 간에 자신을 받아주는 곳이면 그곳이 계곡이든, 호수든, 술잔이든, 눈동자든 무한 질주를 감행한다. 그건 순전히 타고난 달의 바람기 탓이다.

  달은 몸을 숨겨주려는 사소한 것들의 호의가 싫어 아예 자신의 이마에 물결무늬 자국을 지니고 달빛을 따라 길을 떠난다. 그래서 달은 음력 칠월과 팔월 보름인 백중과 추석 때 자신을 가리려 떼거리로 몰려오는 먹구름은 치를 떨어가며 증오한다. 달은 자신의 누드를 때론 화려하게, 더러는 우수에 젖은 채 보여줌으로써 사람들이 바라만 보아도 부풀어 오르는 추억이 되게 한다.

  바람기의 속성은 변하는 것이다. 바람이 한곳에 머물 수 없듯 바람기 또한 무엇 하나에 집착하지 못한다. 이쁜 여자가 바람이 나면 수많은 사내가 패가망신하게 된다. 그러나 바람기 많은 달이 보름달에서 반달이 되고 다시 초승달과 그믐달로 바뀌면 시가 둥지를 틀고 문학이 깃을 치게 된다.

  달을 노래하면서 보름달의 '휘영청'에 너무 집착하면 안 된다. '동산 위에 뜬 둥근달'이나 '낮에 나온 반달'보다는 '아침에 잃어버린 화장대 위의 속눈썹이 초저녁 하늘에 걸려 있는 초승달'로 노래를 바꿔 부를 수 있어야 한다. 소설가 나도향은 〈나는 그믐달을 사랑한다〉는 산문에서 이렇게 말했다. "그믐달은 요염하여 감히 손을 댈 수도 없고, 말을 붙일 수도 없이 깜찍하게 예쁜 계집 같은 달인 동시에 가슴이 저리고 쓰리도록 가련한 달이다. 내가 만일 여자로 태어날 수 있다면 그믐달 같은 여자로 태어나고 싶다."

말이 나온 김에 내 나름의 풍류학을 풀어내보자. 풍류의 삼대 요소는 시주색(詩酒色)이며 풍월수(風月水)는 배경이다. 옛 선비들이 풍류를 즐길 요량으로 자리를 잡으면 붓을 들고 시를 짓고 술이 한잔 거나해 지면 기생들이 풍악을 울린다. 그런 자리는 대체로 물가의 정자이거나 바람이 이는 강 주변에 달이 떠 있는 곳이다.

예로부터 지금까지 문인 묵객들이 짓고 그린 수많은 글과 그림 속에는 시주색 풍월수가 빠진 적이 없다. 이백의 〈월하독작〉月下獨酌이란 시에서는 달과 술 그리고 그림자가 한데 어우러져 멋진 풍류를 연출하고 있다. "꽃나무 사이에서 한 병의 술을/ 홀로 따르네 아무도 없이/ 잔 들고 밝은 달을 맞으니/ 그림자와 나와 달이 셋이 되었네./ 달은 술 마실 줄을 모르고/ 그림자는 나를 따르기만 하네."

또 혜원 신윤복의 〈월하정인月下情人〉이란 그림은 등 뒤의 기와집에서 밤새도록 뜨거운 정을 나눈 남녀가 초승달이 뜬 새벽녘에 이별하는 장면이다. '두 사람의 마음은 두 사람만이 안다'(兩人心事兩人知)는 제발과 주례 격으로 떠 있는 실눈 같은 초승달이 그림의 격을 한결 높여준다.

서해 여행을 하다가 새만금을 지나 부안의 나비 펜션에서 하룻밤을 잔 적이 있다. 저녁을 먹고 난 후 테라스에 간단한 주안상을 차렸다. 심청 궂은 시누이처럼 퉁퉁 부은 음력 열이틀 달이 얼굴을 내밀고 "흥이 제법이네." 하고 한마디 거들었다. 그날 밤 달은 수묵과 같은 구름을 시녀처럼 거느리고 있었지만 술판이 끝날 때까지 한 번도 구름 자락에 휘감기는 법이 없었다. 술이 떨어지자 시 한 수로 빈 흥취를 메꿀 수밖에 없었다. "테이블의 손님이 일어설 줄 모르므로/ 젊은 여주인은 달 위에 올라앉아 미끄럼을 탄다."(김종태 시인의 〈하현달〉 중에서)

모닥불 호롱낙지

　나는 낙지를 좋아한다. 생선과 갯것들을 통틀어 단 한 가지만 택하라면 우물쭈물하지 않고 낙지를 집을 작정이다. 만년에 만난 부부가 깨가 쏟아지듯 늦게 만난 낙지가 왜 이렇게 내 마음속에 크게 자리하는지 그건 나도 모르겠다.
　볼일이 있어 서울에 갈 경우 무교동 낙지 식당부터 들른다. 낙지의 쫄깃쫄깃한 묘한 맛과 고춧가루가 범벅이 된 화끈함이 어우러진 그 맛이 싫지 않다. 모든 음식이 지녀할 첫째 덕목은 신선함이다. 신선함을 유지하는 비결은 생명력이다. 한때 즐겨 먹었던 무교동 낙지는 오래전에 목숨이 끊어진 냉동 재료였고 수족관에 살아 있는 산낙지로 요리할 경우 가격은 서너 배 이상 차이가 난다.
　낙지 요리는 다양하다. 무교동 낙지처럼 볶음요리가 전부인 줄 알았는데 그게 아니었다. 나열하면 산낙지 참기름 소금 찍어 먹기,

세발낙지 통째 먹기, 기절낙지, 연포탕, 도마에 잘게 썬 탕탕낙지, 야채를 곁들인 신선 낙지철판구이, 살짝 익힌 낙지고추냉이 간장 찍어 먹기, 세발낙지 먹물 탕 라면 끓이기, 낙지 호롱참숯구이 등을 들 수 있다. 그중에서도 나는 탕탕낙지와 호롱낙지구이를 가장 좋아한다.

낙지 산지인 벌교와 무안 방면으로 여행을 떠날 땐 큼직한 나무 도마와 시퍼렇게 날이 선 무거운 무쇠 칼을 갖고 간다. 산낙지를 '탕탕낙지'로 만드는 데는 나무도마가 최고이며 무쇠 칼은 올렸다가 힘 안 들이고 내려놓아도 질긴 낙지 다리가 쉽게 잘려지기 때문이다. 요즘 주부들은 플라스틱 도마를 선호하지만 내리칠 때 들리는 소리와 느낌은 나무 도마를 따라오지 못한다. 그건 클래식과 팝, 아니면 오리지널과 퓨전의 차이쯤 될 것 같다.

도마와 칼은 프랑스 혁명 초기의 사형도구인 기요틴(guillotine)과 흡사하다. 혁명의회 의원이었던 기요틴은 광장에서 행해지던 교수형이나 사지를 찢어 죽이는 거열형보다 사형수가 고통을 덜 느끼도록 사형기계의 개발을 제안한 사람이다. 단두대 설계자는 외과 의사 앙투안 루이였고 만든 사람은 독일인 피아노 장인匠人인 토비아스 슈미트였지만 제안자의 이름을 따 기요틴이라 명명한 것이다. 나의 나무 도마와 무쇠 칼 역시 기요틴의 생각을 모방한 낙지의 고통을 덜어주려는 배려의 산물인 셈이다.

간혹 신문의 가십란을 장식하는 '목에 산낙지가 걸려 사람이 죽

모닥불 호롱낙지 169

었다'는 기사는 엉터리일 것 같지만 능히 그럴 수 있는 사실이다. 통 마리 낙지가 목구멍으로 넘어갈 때 빨판의 힘이 워낙 강해 식도의 점액질쯤은 무시하고 기도를 막아 버린다. 그럴 땐 대가리를 이빨로 씹어 박살낸 후 삼켜야 한다. 낙지와의 대결에도 선제공격이 최선의 병법이다.

《행복한 세계 술맛 기행》을 쓴 일본인 니시카와 오사무는 서울의 어느 포장마차에서 산낙지를 먹은 기억을 이렇게 썼다. "젓가락으로 집었더니 접시에서 떨어지지 않는다. 빨판이 입 안쪽에 달라붙는다. 뺨을 일그러뜨려 씹어보니 촉감은 표현하기 어려울 정도로 경쾌하다. 접시 위의 낙지 토막은 애벌레처럼 꿈틀거린다. 블랙 유머 같은 느낌이 든다." 블랙 유머! 그렇지. 낙지 다리에 남아 있는 신경의 마지막 항변은 존재에 대한 심한 불확실성과 절망을 동시에 느끼게 하는 것이니까.

산낙지 다음으로 재미있는 것이 낙지호롱이다. 나무젓가락을 낙지 대가리에 꽂아 감아 돌린 다음 맛깔스런 매운 양념을 발라 참숯불에 석쇠를 놓고 굽는 것이다. 소주를 한 잔씩 돌린 다음 "여름을 위하여, 바다를 위하여, 낭만을 위하여"를 소리 높여 외친 다음 다리 하나씩을 차례로 뜯어먹으면 옆자리 처음 만난 사람도 금세 친구가 된다.

낙지호롱은 식당에 앉아 주인이 구워 주는 것을 먹으면 맛이 없다. 바닷가 모래밭에 모닥불을 피웠다가 불길이 자지러질 때쯤 나무 꼬챙이 끝에 낙지 호롱을 매달아 각자가 구워 먹으면 그만한 운치는 다시없다. 그땐 노래를 불러야 한다. 박인희의 〈모닥불〉 같은 그런 노래를 불러야 한다. "모닥불 피워 놓고 마주앉아서 우리들의 이야기는 끝이 없어라. 인생은 연기 속에 재를 남기고 말없이 사라지는 모닥불 같은 것. 타다가 꺼지는 그 순간까지 우리들의 이야기는 끝이 없어라."

누드모델 사하촌 주모

 왜 이렇게 감격을 잘할까. 아름다운 절집에 들어서면 순간적으로 정신이 혼미해지는 경우가 왕왕 있다. 해남의 미황사에서도, 안성의 청룡사에서도, 이곳 강화 전등사에서도 그랬다. 지난번 전등사를 다녀와 글을 쓰면서 이런 상태를 '예술적 절정'이라 표현한 적이 있다.
 "희미한 옛사랑의 그림자" 같은 노래의 한 소절을 레코드 가게 앞을 지나치며 우연히 듣거나, 기억의 저편으로 사라진 명 시편을 헌책방에서 산 낡은 시집에서 발견했을 때, 이발소 그림이라고 비하했던 〈이삭줍기〉를 밀레전이 열리고 있는 미술관에서 만났을 때 나는 감동하고 감격한다. 아름다움이 주는 으스스함이 전율로 전해져 온몸에 소름이 돋는다. 이런 현상을 '정신적 호사가 극을 이룬 상태'이다.

다른 절집과는 달리 '대웅보전'이란 현판을 횡액으로 붙이고 있는 전등사의 대웅전은 정말 기가 막힌다. 비상을 시도하는 한 마리 학과 같다. 날갯짓 한 번이면 덤벙 주초를 딛고 있는 배흘림기둥이 두둥실 하늘로 뜰 참이다. 구름을 받치고 있는 휘어져 더욱 아름다운 처마의 곡선을 보아라. 흔히 기생의 버선코는 허리 곡선처럼 많이 휘어져야 야하게 보인다. 하지만 어디 전등사 대웅전은 한껏 치켜올려 멋을 부렸는데도 전혀 천한 기운은 비치지 않는다.

전등사 대웅전을 보는 재미는 실은 딴 데 있다. 겹겹으로 쌓아올린 다포집의 현란한 조각 미와 공포 위 보머리를 치장한 연꽃과 도깨비 그리고 동물 조각도 물론 아름답다. 그러나 추녀밑에 실오라기 하나 걸치지 않고 쪼그리고 앉아 처마를 떠받치고 있는 네 개의 나부상을 보면 먼저 웃음이 나오지만 의문 또한 지워지지 않는다. "저 여인은 누구일까." 묘한 페이소스를 자아내게 하는 궁금증이 전등사가 갖고 있는 매력이자 마력이다.

추녀밑 여인은 사하촌의 주모였다. 광해군 6년 12월 전등사는 화재로 전소되고 대대적인 중건 불사가 시작됐다. 총감독을 맡은 도편수가 밥을 대 먹던 주막집의 주모와 정분이 나 돈이랑 온갖 것을 맡겼었다. 일이 끝날 무렵 주모는 또 다른 건달과 함께 달아나 버렸다. 도편수는 도둑맞은 사랑을 앙갚음하기 위해 주모를 닮은 네 개의 나부상을 깎아 처마밑 내 귀퉁이에 앉히고 세세생생 추녀를 떠받치고 있어야 하는 벌을 내린 것이다.

"사랑이란, 미혼모가 길러 낸 사생아 같은 것. 떨쳐 떠나보내기엔 너무 애처롭고 혼자 간직하기엔 너무 고통스러운 것. 사랑이란, 제가 불러 꽃피우고 제가 불태워 재 뿌려야 하는 것. 먼 훗날 혼자 찾아와서 없어진 흔적을 찾아 장끼처럼 한나절 내내 통곡하다 가야 하는 것. 사랑이란, 떨쳐 버릴수록 달라붙는 운명 같은 것. 벗어나려 발버둥 칠수록 더욱 조여드는 올가미 같은 것. 아, 그러기에 한 수레 가득 숙명으로 실어 허기진 통곡으로 저승까지 끌고 가야만 하는 것." (양명학의 〈사랑에 대한 연가〉 중에서)

대웅전 앞에서 처마를 쳐다보니 목각인형을 깎은 도편수는 정말로 위대하고 누드모델이 된 사하촌 주모는 참으로 행복에 겨운 사람이란 생각이 든다. 미워할 정도로 사랑할 수 있다는 것은 분명 축복이기 때문으로.

발가벗고 소 등 타고 이랴!

내 잠버릇은 좀 유별나다. 옆 사람의 잠을 설치도록 이를 갈거나 심한 잠꼬대를 하는 것은 아니다. 그렇다고 요란하게 몸부림을 치는 것은 더욱 아니다. 그런데도 나와 한방에서 잠을 자 본 이들은 나의 잠버릇을 알고 웃기만 한다. 문제는 그러려니 하고 혼자 알고 있으면 될 터인데 주위 사람들에게 살짝 소문을 낸다는 사실이다.

잠을 잘 때는 속옷을 입고 잔다. 파자마는 한 번도 입어 본 적이 없지만 러닝셔츠와 팬티 정도는 입는다. 그런데 자고 일어나면 분명 입고 잔 속옷들이 저절로 벗겨져 발밑에 처박혀 있다. 잠을 자고 있는 내가 그랬다고 할 수도 없고 그렇다고 내가 그러지 않았다고 말할 수도 없는 아주 곤궁한 처지에 이르고 만다.

여행을 함께 다니는 친구들이나 문화유산 답사를 함께하는 동침 도반道伴들은 내 버릇을 오래전부터 알고 있기에 크게 문제가 되진 않는다. 아내와 아이들도 마찬가지다. 이제는 모두 출가해 버린 아이들도 그들이 진짜 아이였을 적부터 아버지의 잠버릇을 익히 알고 있기 때문에 더 이상 뉴스가 되지 못한다.

그러나 외지에서 한 방에 십여 명이 함께 자야 하는 몇 박 며칠의 세미나 또는 연찬회 같은 행사는 다소 곤고困苦스럽다. 지난해 여름, 통영에서 열린 어느 문학 세미나에 참가하기 위해 일박 이일 일정으로 출발하면서 "혹시 멜빵이 있으면 그걸 걸치고 갔으면…" 하는 엉터리없는 생각을 한 적이 있다. 팬티에 멜빵을 걸고 "오늘 밤에는 제발 벗지 말자."고 다짐하는 내 모습을 상상하니 혼자 웃기가 아까울 정도였다.

발가벗고 자는 내 잠은 매우 유쾌하다. 거침이 없다. 덩달아 꿈도 무한 질주에 가까울 정도로 시원하고 찬란하다. 내 꿈은 주로 캠퍼스를 맴돌 뿐 그곳을 벗어나는 일이 거의 없다. 그리고 꿈속의 나는 시험 시간표와 시험 범위를 잊어먹어 학점을 곧잘 놓치는 농땡이 학생이지만 그것을 걱정하고 근심하지는 않는다.

요즘은 한 수 더 떠 실오라기 하나 걸치지 않고 모교 인문관 둔덕의 꽃시계 주변을 서성이는 꿈을 꾸곤 "이 나이에 무슨 주책인가." 싶어 약간 부끄럽기도 하지만 통쾌하기도 하다. 이런 꿈에서 깨어날 때는 항상 아랫도리가 허전하다. 멜빵이 무용이다.

알몸으로 부끄러운 꿈에서 깨어난 나는 주섬주섬 속옷을 찾아 입고 허방다리를 짚어가며 서재로 건너간다. 부끄러움을 씻는 일은 내보다 더 부끄러운 일을 저지른 윗대 어른들의 글을 읽는 일이다. 수주 변영로의 《명정 사십년》을 뽑아 든다.

"혜화동 우거寓居에서 지낼 때이었다."로 시작되는 〈백주에 소를 타고〉란 글은 나의 잠버릇이나 꿈속 허물은 정말 아무것도 아니다. 공초(오상순) 성제(이관구) 횡보(염상섭)를 비롯하여 필자인 수주(변영로)까지 네 사람의 풍류객들이 사발정 약수터에서 대취하여 발가벗은 채 소를 타고 서울 시내로 진입하는 광경은 어느 전쟁 영화의 진군 장면보다 훨씬 더 멋지다.

이들의 멋은 주머니가 비어 있는 가난한 문인들이 당시 동아일보 편집국장인 고하 송진우에게 좋은 원고를 써주기로 하고 오십 원이란 거금을 받아 부자처럼 마셔버린 데 있다. 멋이란 정도正道를 걷는 과정에선 절대로 빚어질 수 없는 괴물 같은 존재이다.

멋은 밭을 갈던 황소가 주인의 "이랴! 워디로."란 꾸짖음을 무시하고 콩대를 뜯기 위해 다른 이랑으로 헛발을 내디딜 때 비로소 발생하는 아주 귀한 물건이다. 사발정 약수터로 나간 풍류객들이 두둑한 주머니를 헐어 대취한 후에 소 등 타기 음주운행(?)을 했다면 무슨 멋이 있을 것인가. 멋은 사랑처럼 저지르는 자의 몫이기도 하고 또한 전유물이기도 하다.

어느 하룻밤 바커스Bacchus의 후예後裔들인지, 주도의 명인들이 내방하였다. 딱한 노릇은 네 사람이 주머니를 다 털어도 불과 수삼 원. 그때 수삼 원이면 보통 주객인 경우에는 삼, 사인이 해갈解渴함 직하였으나 그런 금액쯤은 유불여무有不如無였다. 아무리 하여도 시원한 책략이 없어 동네에서 모인 집 사동使童 하나를 불러다가 몇 자 적어 화동 납작 집에 있던 동아일보사로 보내었다. 보냈던 아이가 손에 답장을 들고 오는데 우리 4인의 시선은 약속이나 한 것같이 한군데로 집중되었다. 봉투 모양만 보아도 빈 것은 아니었다. 그 때만 해도 오십 원이면 대금이라 아무리 우리 넷이 술을 잘 먹는대도 선술집에 가서는 도저히 비진費盡시킬 수 없는 거액이었다.

오늘밤에는 아예 팬티랑 러닝셔츠는 벗어 던져 버리고 잠에 들자. 그러면 고운 꿈이 나를 서울행 KTX 열차에 태워 사발정 약수터로 데려가 네 사람의 주선들을 만나게 해 주겠지. 그러면 공초나 수주 중에 어느 누가 "잘 오시게나. 우린 여기 와서 벗었는데 자네는 미리 벗고 오셨네." 하고 말을 걸며 언치 놓은 소 등에 나를 태워 술 좋고 안주 좋은 곳 어디론가 데려가시겠지.

금강산 장안사 빈 절터

절터에 절이 서 있지 않으면 황량하고 쓸쓸하다. 정말 아무것도 남아 있지 않고 잡초만 무성하다면 쉽게 돌아설 수 있다. 그러나 절은 화재와 전쟁의 포화 등 인고의 세월을 이겨내지 못하고 사라지더라도 그 흔적을 남긴다. 그 흔적들은 불에 타지 않고 쉽게 삭지 않는 석탑이 주인이 떠난 빈자리를 지키고 있다.

절이 떠난 빈터를 폐사지廢寺址라 부른다. 사지라는 낱말 속에는 슬픔과 아픔이 묻어 있다. 심심한 날 홀로 폐사지에 가면 사랑했던 이를 떠나보낸 마지막 장소를 찾아간 듯한 착각에 사로잡힌다. 사람이나 절이나 사라지고 나면 사무치게 그립고 아쉽고 절절한 법이다. 그건 쓸쓸한 낭만이며 회색빛 로망이다.

사랑이 떠나고 나면 마음에 문신이 새겨지지만 절이 없어진 자리에는 왜 석탑이 지표의 표석으로 남는가. 추억 속의 흔적들이 말끔하게 사라지고 나면 쉽게 잊어버릴 수 있다. 그래야 상처에 새 살이 돋듯 다음 행보를 예비할 수 있을 텐데 무엇이 모자라 이렇게 질기게 끌어안고 놓아주지 않는가. 폐사지에서 느끼는 쓸쓸한 감정은 가버린 연인에게서 느끼는 애매모호한 느낌처럼 가슴 한구석의 찌꺼기로 오래오래 남는다.

 문화유산답사를 다니면서 웬만한 폐사지는 두루 다녀 보았다. 부여 정림사지, 보령 성주사지, 산청 단속사지, 강릉 신복사지 등은 하나같이 석탑 아니면 하다못해 주춧돌 하나라도 흔적으로 남겨 두고 있었다. 그래서 빈 절터에서 느끼는 공허한 감정은 장소만 다를 뿐 거의 비슷했다.

 여러 폐사지 중에서 좀처럼 잊히지 않는 곳이 하나 있다. 그곳은 이북 금강산의 내금강 속 장안사 터이다. 내금강 코스를 가기 전에도 봄가을 두 차례나 외금강 코스를 다녀온 적이 있었다. 그러나 정비석의 〈산정무한〉에 나오는 장안사 터를 꼭 한번 가보고 싶었다. 마침 기회가 왔다. 온정각에서 버스로 한 시간 이상을 달려야 도달할 수 있는 내금강 코스(장안사지~표훈사~보덕암~묘길상)와 삼일포와 해금강을 둘러보는 코스를 북한에서 어렵게 문을 연 것이다.

 예정된 코스를 돌아보고 내려오는 길에 장안사 터 앞에 버스가 섰다. 예상대로 법당과 요사채 등은 한국동란 때 폭격으로 몽땅 날아가고 구석에 자그마한 삼층 석탑이 빈 절터를 지키고 있었다.

절 마당에 깔린 찔레 가시덤불을 밟고 탑이 있는 곳으로 다가가니 화강암 피부에는 이끼가 피어 있었다. 문득 손끝으로 전해오는 석탑의 촉감에서 자칫 눈물로 번질 뻔한 외로움 같은 것이 내 가슴으로 전이되어 왔다.

갑자기 고등학교 국어 교과서에 실렸던 〈산정무한〉의 글귀가 나도 모르게 읊조려졌다. 시험에 자주 나와 외울 수밖에 없었던 그 대목이 이렇게 장안사 터에서 되새길 줄이야.

울며 소맷귀 부여잡는 낙랑공주의 섬섬옥수를 뿌리치고 돌아서 입산할 때에, 대장부의 흉리胸裡가 어떠했을까? 흥망이 재천이라. 천운을 슬퍼한들 무엇하랴만, 사람에게는 스스로 신의가 있으니, 태자가 고행으로 창맹蒼氓에게 베푸신 도타운 자혜가 천년 후에 따습다. 천 년 사직이 남가일몽이었고, 태자 가신지 또다시 천년이 지났으니, 유구한 영겁으로 보면 천년도 수유須臾던가! 고작 칠십 생애에 희로애락을 싣고 각축角逐하다가 한 움큼 부토로 돌아가는 것이 인생이라 생각하니, 의지 없는 나그네의 마음은 암연히 수수愁愁롭다.

하버드대 종교철학자 폴 틸리히 교수는 외로움의 종류를 이렇게 구분 지은 적이 있다. "혼자 있는 즐거움은 솔리튜드solitude이며, 혼자 있는 고통은 론리니스loneliness다." 그러면 장안사 삼층 석탑이 안고 있는 외로움은 고통일까 즐거움일까. 해답이 떠오르지 않아 '버스가 떠난다.'는 호각소리가 들릴 때까지 탑 옆에서 서성이고 있었다.

키 작은 꼬마 병정처럼 생긴 석탑이 돌아서는 내 귀를 잡고 이렇게 말했다. "어떤 아픔은 쾌락이고, 어떤 고통은 통증인 것쯤은 알지." 어라. 석탑이 선문답禪問答을 하네. 그때 갑자기 "사랑하는 이에게 순결을 바칠 때의 통증과 강간당할 때의 통증은 근본적으로 다르다."는 미국의 작가 멜러니 선스트럼이 '통증연대기'에서 한 말이 생각났다.

아하. 깨우침은 이렇게 한순간에 오는구나. 이끼 낀 석탑 큰스님에게서 깨달음의 한 소식을 얻고 나니 고함이라도 지르고 싶었다. 오 론리니스!

치마에 관한 몇 가지 단상

움(womb)과 툼(tomb)은 묘한 상관관계가 있다. 영문자 스펠은 한 자씩만 틀린다. 그러나 뜻은 자궁과 무덤으로 시작과 끝을 암시하고 있다. 움과 툼이란 글자를 자세히 들여다보면 알파벳도 한자와 같은 표의문자가 아닌가 하는 부질없는 생각이 든다.

움의 첫 스펠인 W는 가랑이 사이에 있는 자궁의 위치를 설명하는 것 같고 툼의 T는 무덤 앞에 세우는 십자가의 형상을 쏙 빼닮았다. 움과 툼이란 단어를 처음 만든 사람은 참으로 많은 고심 끝에 그렇게 만들었으리라.

말레이시아의 옛 무덤들은 하나같이 자궁의 형상을 하고 있다. 그것은 아마 움과 툼의 역설적 관계, 즉 '종말은 시작'이란 걸 설명하기 위해 그렇게 만든 것은 혹시 아닐까. 움과 툼에 관한 단상은 어느 학자의 논문이나 학설이 아닌 순수한 나의 생각이다.

어느 화가가 그린 치마 그림을 보다가 바람난 내 못된 의식이 치마 속에 감춰져 있는 자궁을 연상하고 그 연이은 무의식적 의식의 흐름이 움과 틈으로 이어졌나 보다. 하기야 자궁을 가릴 유일한 수단이 치마라는 이름의 장막밖에 없으니 흘러가는 강물과 구름을 탓할 수 없듯 멋대로 흐르는 내 의식 또한 크게 나무랄 일도 아니다.

인류의 역사는 치마의 역사다. 에덴동산의 이브가 뱀의 꼬임에 빠져 선악과를 따먹기 전에는 치부가 부끄러운 줄 몰랐다. 아담도 이브도 벗고 살았다. 그러나 '선악과 따먹기'라는 진실게임 때문에 나뭇잎 치마를 입어야 했고 그 업보는 자손들에게 이어졌다.

연정의 출발은 치마에서 출발한다. "연분홍 치마가 봄바람에 휘날리더라"는 노래 가사나 그네 타는 춘향이의 치맛바람도 모두 그게 그것이다. 치마는 자궁을 은유하고 상징한다. "저 사네는 드럼통에 치마만 둘러도."라는 시쳇말이 이 대목을 설명하고도 남는다.

치마는 화선지를 대신한다. 오원 장승업은 대놓고 마시던 기생집에 술값을 치러야 할 날이 오면 붓과 화선지를 가져오게 하여 술값 대신 그림을 그려 주었다. 어떤 때는 기생의 속치마에 난도 치고 대도 그려 주었다. 치마 그림은 단순한 술값이 아니라 기생의 치마 속 은밀한 곳을 드나든 살 송곳의 통행세쯤으로 생각하면 비약일까.

퇴계는 48세 때인 단양 군수 시절, 18세인 관기 두향을 만나 사랑하고 죽을 때까지 그리워하는 정을 지녔다. 그는 9개월간의 짧은 임기를 마치고 떠나기 전날 밤 두향의 치마폭에 이런 시를 써 주었다. "죽어 이별은 소리조차 나오지 않고 살아 이별은 슬프기 그지없네."(死別己吞聲 生別己測測). 그런데 왜 하필 치마였을까.

조선조 선조 때 의병대장으로 두 아들과 함께 장렬히 전사한 고경명도 젊은 시절 황해도에 놀러 갔다가 그곳의 기생과 사랑에 빠진 적이 있다. 기생은 갓 부임한 관찰사의 눈에 들어 사랑하는 청년과의 사랑놀이를 청산해야 했다. 청년은 사랑하는 여인을 떠나보내면서 속치마에 시 한 수를 써주었다. 기생은 청년과의 추억을 잊지 못해 그 속치마를 입고 술 시중을 들었다. 마침 치마폭이 바람에 날려 이별의 사연이 드러나고 말았다. 사랑 이야기를 들은 사또는 치마를 어루만지면서 이렇게 말했다. "뛰어난 풍류객이로다."

치마 그림은 남녀 간의 애절한 정을 표현하는 칠판만은 아니다. 부녀간의 정을 치마 그림으로 표현한 예도 더러 있다. 강진에서 귀양살이하던 다산은 부인 홍씨가 보내온 빛바랜 치마를 가위로 오려 시집간 딸을 위해 매화 가지에 앉아 있는 새 한 마리를 그렸다. 고려대 박물관에 소장되어 있는 〈매조도〉에는 이런 시가 씌어져 있다.

새들이 우리 집 마당 매화 가지에 날아들었네.
그 진한 향기를 따라 찾아 왔겠지.

여기 깃들고 머물러 즐거운 가정을 꾸려다오.
꽃이 이렇게 좋으니 그 열매도 가득하겠지.

조선조 숙종 때 선비 화가였던 홍수주는 자신의 환갑잔치 때 어린 딸이 옆집에서 빌려온 비단옷을 입고 절을 하다 간장 종지가 엎질러져 치마를 버려 놓았다. 청백리로 소문난 선비는 갚을 길이 없자 얼룩 방울 위에 포도 그림을 그렸다. 마침 중국으로 사신가는 역관에게 그 치마 그림을 팔게 했다. 역관은 그림을 팔아 받은 돈 5백 냥으로 비단 치마 열 벌을 사왔다.

그런데, 그런데 말이다. 이 세상에 흔해 빠진 게 치만데 어머니는 치마 한 폭도 걸치지 못하고 하늘나라로 가셨다. 수십 년 전에 미리 가 계시던 아버지는 치마도 입지 않고 도착한 어머니를 보고 "무엇이 그리 바빠서." 하고 어리둥절하셨겠지만 나는 괴롭다.

어머니는 치매로 돌아가셨다. 우리 집 아들의 혼인예식 때 속치마 위에 두루마기만 걸치고 식장에 나오신 이래 치마 입기를 포기하셨다. 운명하신 후 명주 수의는 꽁꽁 입혀서 보내 드렸는데 저승으로 올라가는 길목에 홀라당 치마를 벗어 던지고 아무래도 그냥 올라가셨을 것 같다. 하늘나라까지 퀵 서비스로 달려가는 오토바이가 있다면 치마를 보내 드릴 텐데. 오! 어머니.

곡예사의 첫사랑

여관 앞마당에는 주막 구실을 하는 멍석이 펼쳐져 있었다. 바캉스 시즌 막바지에 선유도에 들어가기 위해 친구와 단둘이 이곳 군산에 도착했다. 열어젖힌 방안에는 흑백 텔레비전에서 무슨 음악회가 열리고 있는지 박수소리가 요란했다. 동행한 친구가 "저 노래 한번 들어 봐. 기가 막히게 잘 불렀어." "꽤 괜찮은 노래 같은데, 제목이 뭐지." "곡예사의 첫사랑이란 노랜데 박경애라는 가수가 불렀어." 취재노트를 꺼내 가수와 곡명을 적었다.

"줄을 타며 행복했지, 공굴리며 좋아했지" 한 며칠 동안 곡예사를 붙들고 시름했더니 겨우 문맥이 통하고 음의 높낮이를 겨우 짚을 수 있을 것 같았다. 노래가 입에 익을 만해졌는데도 방석집에 술 마시러 가자는 사람은 아무도 없었다. 곡예사의 사랑 노래는 가슴 속에서 숙성이 되고 있는지 계속 신트림만 올라왔다. 노래의 가사처럼 "울어 봐도 소용없고 후회해도 소용"이 없었다. "어릿광대의 서글픈 사랑"처럼 객기뿐인 젊은 날은 그렇게 흘러갔다.

붙잡을 수 없는 세월은 주인의 허락 없이 기억을 망각으로 몰아가 버렸다. 추억 속에 잠자고 있던 곡예사의 첫사랑도 목줄 안 맨 강아지처럼 아련한 흔적만 남기고 어디론가 사라져버렸다. 방석집에는 더 이상 갈 일이 없어졌고 어쩌다 한 잔 마시는 대폿집에서 곡예사를 불러낼 필요가 없었다.

그 노래 속에 내 청춘이 들어 있었는데 망각의 세월 탓에 젊음이 달아나버린 모양이다. 그러니까 한 많은 곡예사는 손풍금과 흰 분칠에 빨간 코를 바랑 속에 집어넣고 서글픈 사랑 노래를 허허롭게 부르며 먼 길을 떠나버렸나 보다. 난생처음 들어 본 노래가 그렇게 좋아진 걸 보니 내 유전자 속에는 광대, 각설이, 곡예사 같은 부질없는 신명이 들어 있었나 보다.

며칠 전 조간신문에 프랑스 화가 '베르나르 뷔페전'이 예술의 전당에서 열린다는 기사 옆에 화가가 그린 광대 그림이 큼지막하게 실려 있었다. 그림을 보는 순간 깜짝 놀랐다. 한참 잊고 있었던 나의 곡예사가 떠날 때 지고 갔던 바랑을 내려놓으며 멀찌막하게 웃고 서 있었다. 곡예사의 첫사랑에 나오는 줄을 타는 그 친구도 만난 적이 없고, 뷔페가 그린 광대도 통성명을 한 적이 없지만 둘 다 영혼으로 만난 적이 있는 어릴 적 서커스에 나온 배불뚝이 크라운의 그 모습 그대로였다.

고향집 앞 공설운동장에는 잊을 만하면 서커스단이 찾아와 엄청나게 큰 포장을 치고 나팔을 불며 사람들을 불러 모았다. 나는 한 번도 돈을 내고 서커스 구경을 한 적이 없다. 공연이 열리고 입장권을 끊고 들어갈 사람이 모두 들어가고 나면 경비가 느슨해지기 마련이다. 그때 "아저씨, 아저씨 좀." 하고 몇 번 부르기만 하면 기도 보는 주임이 들어가라는 손짓을 하곤 했다.

나는 쉽게 곡마단 배우와 광대들에게 빠져들었다. 불붙은 키 높이 굴렁쇠를 뛰어서 빠져나오거나 공중에서 그네를 타며 날아다니는 곡예사가 되고 싶었다. 서커스 구경은 마약과 같은 것이어서 경비가 엄할 땐 실밥이 터진 포장 사이로 기어들어 가다가 송판때기로 볼기를 맞은 적이 한두 번이 아니었다. 그래도 나는 서커스 도둑 출입을 멈출 수 없었다. 마음속으로 커서 곡마단의 광대가 되어 볼까라는 생각을 더러 하기도 했지만 엄마의 품에서 도망칠 용기는 내게 없었다.

광대 그림을 그린 뷔페의 젊은 날은 우리들의 어린 시절처럼 가난이 생활 속에서 함께 질주하고 있었다. 그가 그린 크라운들은 웃고 있어도 속으론 울고 있었다. 뷔페 자신도 "그때는 먹을 것과 그릴 것만 찾아다녔다."고 말했듯이 광대들 역시 배고픔과 불안과 우울 속에서 메마른 사막을 맨발로 걷고 있는 듯한 처지에서 벗어날 수 없었다. 뷔페가 그린 광대 그림은 좌절의 초상 위에 수심을 덧칠한 것들이 대부분이었다.

화가들은 왜 서커스를 좋아할까. 피카소는 페르낭드라는 아가씨와 연애할 때 메드라노 서커스 구경을 하면서 곡마단 세계에 빠져들었다고 한다. 그는 줄을 타는 광대, 익살꾼, 곡예사들의 몸동작 하나하나를 세밀히 관찰하여 어릿광대의 초상들을 절묘하게 그려 냈다고 한다.

물랭루즈에서 살다시피 한 로트렉은 멸시받던 서커스 광대와 매춘부를 즐겨 그렸다. 특히 일급 무용수이자 여성 광대인 차 우 코(Cha u ko)의 드로잉과 석판화를 많이 남겼다. 또 캉캉 댄서인 쟌느 이브릴을 사랑했으나 로트렉의 선천적 장애인 키가 작은 불운을 극복하지 못하고 실패하고 말았다.

사생아 출신의 곡예사이자 누드모델인 수잔 발라동과는 동거하기도 했으나 신체적 장애를 이겨 낼 수는 없었다. "사랑이란 상대가 나를 갈망하기를 갈망하는 것"이라고 했지만 갈망이라는 것은 그냥 입맛 다시는 것으로 끝나야 하는 정말로 허무한 것.

공중그네를 타는 광대들도 영점 몇 초 차이로 내밀고 있는 잡아야 하는 손을 잡지 못하면 영원 속으로 떨어지게 된다. 그런데, 그런데 말이다. 추상 회화를 지향하던 피카소, 몬드리안, 뭉크, 칸딘스키는 물론 심지어 샤갈의 유화에서조차 정확성을 찾아내기가 매우 어렵다. 추상화라는 그림 자체는 기존의 질서, 비례, 구도를 어기고 추상이란 개념 자체에 충실하려는 노력의 집합이 아닌가. 나의 그림 보는 눈은 정확과 부정확을 아직 구분할 수 없으니 수

준 미달임이 분명한 것 같다. 뷔페의 광대전이 열리는 예술의 전당에 가서 어릿광대의 서글픈 사랑을 보고 울고 웃으며 실컷 즐기기나 해야겠다.

김광석의 서른 즈음

 이 나이에 〈서른 즈음에〉를 듣는다. 음유 몽환의 가수 김광석이 부른 노래다. 어떤 때는 듣다 말고 따라 부르다 내가 깜짝 놀란다. "점점 더 멀어져 간다./ 머물러 있는 청춘인 줄 알았는데/ 비어가는 내 가슴속엔/ 더 아무것도 찾을 수 없네." 노랫말이 나를 향해 "왜, 너 얘기 같니."라며 웃는다. 킥킥! 내가 맛이 갔는지 아니면 이 노래를 부르고 요절한 광석이가 돌았는지 둘 중 하나다.
 내가 김광석의 〈서른 즈음에〉를 알게 된 것은 꽤 오래전 일이다. 아내의 투병을 뒷바라지하던 친구가 CD 한 장을 건네주며 "이 노래 한번 들어봐." 했다. 그 노래는 〈어느 60대 노부부의 이야기〉란 노래였다. 들어보니 너무 애절했다. 그 CD 안에는 〈서른 즈음에〉란 노래도 있었다. 두 노래는 서른과 예순이란 연륜의 차이는 있어도 인생은 '매일매일 이별하며 살고 있는' 방식이 너무나 닮아 있었다.

김광석은 1964년 1월 22일 대구 방천시장 부근에서 3남2녀 중 막내로 태어났다. 대학 때부터 노래를 시작하여 젊은이들로부터 폭발적인 인기를 얻었으나 96년 1월 6일 서른셋에 자살로 생을 마감했다. 당시 유족으론 아내와 여섯 살 난 서연이란 딸이 있었다.

  그는 무엇 때문에 서른 즈음이란 젊디젊은 나이에 세상을 등졌을까. 김광석의 니힐리즘은 어디에서 출발하여 어디로 달려갔는가. 그가 부른 노래들을 굳이 색깔로 구분한다면 분명 슬픈 우수로 덧칠되어 있음을 부인할 수 없다. 그러나 음색의 슬픔이 목숨을 끊는 비극으로 이어지리란 생각은 아무도 하지 않았다.

  김광석은 〈거리에서〉란 노래를 부르기 전 이런 말을 한 적이 있다. "흔히들 가수의 운명은 그가 부른 노래의 가사처럼 된다는 말이 있어요. 나의 생도 그렇게 될까 봐 이 노래를 한동안 부르지 않았어요. 오늘 한 번 불러 볼게요."

  유리에 비친 내 모습은/ 무얼 찾고 있는지/ 옷깃을 세워 걸으며/ 웃음 지려 하여도/ 허한 눈길만이 되돌아와요./ 그리운 그대/ 아름다운 모습으로/ 마치 아무 일도 없었던 것처럼/ 내가 알지 못하는/ 머나먼 그곳으로 떠나 버린 후/ 사랑의 슬픈 추억은/ 소리 없이 흩어져/ 이젠 그대 모습도/ 함께 나눈 사랑도/ 더딘 시간 속에 잊혀져 가요.

그는 가요계에 떠도는 '노랫말처럼 되는 인생'이란 징크스를 몹시 싫어했다. 사실 이 말은 헛소문만은 아닌 듯했다. 윤심덕의 〈사의 찬미〉로부터 김정호의 〈이름 모를 소녀〉와 차중락의 〈낙엽 따라 가버린 사랑〉 그리고 "울어 봐도 소용없고 후회해도 소용없는" 〈곡예사의 첫사랑〉을 부른 박경애까지 하나같이 가사를 닮은 삶을 살다 운명을 달리했다.

"7년 뒤 마흔 살이 되면 하고 싶은 게 하나 있어요. 마흔 살이 되면 오토바이 하나 사고 싶어요. 할리 데이비슨, 멋진 걸루 돈도 모아 놨어요. 그걸 타고 세계 일주하고 싶어요. 괜찮은 유럽 아가씨 뒤에 태우고. 나이 마흔에 그러면 참 재미있을 것 같아요. 그리고 환갑 때 연애하고 싶어요." 김광석이 이런 말을 할 땐 어디에도 죽음의 그림자는 드리워져 있지 않았다.

언젠가 방천시장 둑방 밑에 있는 '김광석의 길'을 걸어보고 싶었다. 그러나 세대 차라는 간극이 차일피일 미루게 하는 게으름을 부추겼다. 그럴 때마다 나도 모르는 새 〈서른 즈음에〉란 노래가 이명耳鳴처럼 들려오면 소리통에 CD를 올려놓고 김광석의 목소리를 듣는 일이 잦아졌다.

오늘은 이상하게도 서른 즈음으로 돌아가고 싶었다. 오후 내내 그의 노래를 듣다가 〈일어나〉란 노래가 흘러나오자 도저히 가만히 앉아 있을 수가 없었다. "검은 밤의 가운데 서 있어/ 한 치 앞도 보이질 않아/ 어디로 가야 하나 어디에 있을까/ 인생이란 강물 위를 끝없이/ 부초처럼 떠다니다가/ 어느 고요한 호숫가에 닿으면/ 물과 함께 썩어가겠지/ 일어나 일어나/ 다시 한번 해보는 거야"

그길로 바로 방천시장으로 달려갔다. 그곳에는 노래하는 광석의 모습이 벽화로 그려져 있었고 공중에 매달린 스피커에선 쉴 새 없이 노래가 흘러나왔다. 그러나 그는 일어나지 않았다. 수성교 입구 대로변 코너에서도 그는 아끼던 기타 '마틴 M36'을 메고 동상으로 그냥 앉아 있었다.

골목 안 허름한 주점으로 들어가 요절한 영혼의 안식을 위한 추모의식을 치르기 위해 막걸리와 부추전을 시켰다. 스피커에서 흘러나오는 〈서른 즈음에〉가 살그머니 기어 들어와 내 옆자리에 앉았다. "나도 좀 끼워 줘요." "그래 그래."

다섯째 장

사랑하다가 죽어 버려라

눈 오는 밤 여관에서 읽는 시

나의 버킷 리스트(bucket list)에는 몇 가지만 적혀 있다. 오로지 실현 가능성이 있는 것들뿐이다. 그중에 하나가 해남 대둔사 자락의 유선여관에서 눈 오는 하룻밤을 유숙하는 것이다. "청년들이여 야망을 가져라."(Boys be ambitious.)는 말이 유행한 적이 있지만 요즘은 '버킷 리스트를 작성하라.'는 말이 젊은이들의 가슴에 파고드는 모양이다. 그 리스트에는 세계 일주, 정열적인 사랑하기, 사장 면전에 사표 던지기 등이 좋은 점수를 얻고 있지만 이뤄내기는 그리 쉬운 일이 아니다.

새해 들어 '눈이 올 것 같다.'는 뉴스를 듣고 다섯 도반들이 해남 쪽으로 출발했다. 우리 기상대는 갑자기 내리는 폭우를 예측하기는 어둔하지만 '눈이 오겠다.'는 예보쯤은 쉽게 짚어내나 보다. 오후 들어 하늘이 서서히 내려앉더니 약한 눈발이 슬슬 날리기 시작했다.

　유선여관의 만 원짜리 정식은 별다른 특색은 없어도 병어조림, 매생이국, 톳무침 등 남도의 맛을 느낄 수 있어서 먹을 만했다. 그런데 방들은 방한은 물론 방음시설이 전혀 되어 있지 않았다. 문풍지 없는 문틈으로 찬바람과 함께 옆방의 숨소리까지 들릴 정도였다. 다행스럽게도 연인들의 옆방을 차지했더라면 소리 사냥하느라 밤을 지새웠을 텐데 역시 운은 따라 주지 않았다.

　코끝을 스치는 바람은 그야말로 산소였다. 초저녁 하늘에는 눈발이 비치는 데도 섣달 보름을 사흘 앞둔 둥근 달이 마치 농담하듯 큰 별 하나를 데불고 높이 떠 있었다. 다리 밑 너부내 개울가에는 두 도반들이 얼음장 밑으로 흐르는 물소리를 즐기고 있었다. "들어가서 소주나 한잔하지." 찬반을 물을 필요조차 없었다. "좋지."

　새벽 세 시쯤 되었을까. 마려운 통을 비우러 밖으로 나오니 그새 세상은 온통 설국으로 변해 있었다. 댓돌에 얹혀 있던 등산화 속의 눈을 털어 툇마루에 올려놓고 허리를 펴 앞산을 쳐다보니 거기에는 수묵 산수화가 연폭 병풍으로 펼쳐져 있었다.

　갑자기 두 개의 이미지가 떠올랐다. 하나는 화폭 가득 노란 색깔을 칠한 러시아 화가 칸딘스키의 〈인상Ⅲ〉(ImpressionⅢ)이란 추상화였다. 다른 하나는 눈 내리는 밤이면 동치미 국물에 메밀국수를 말아 먹던 백석白石의 〈나와 나타샤와 흰 당나귀〉란 시였다.

칸딘스키가 그린 〈인상Ⅲ〉이란 그림의 부제는 '콘서트'다. 그는 친구인 쇤베르크의 콘서트에서 들었던 음악, 즉 소리의 감흥을 이렇게 캔버스 가득 노랑으로 칠한 것이다. 다만 그림 속에 드러나는 부분은 검게 칠한 그랜드 피아노의 뚜껑과 아무렇게나 그린 청중 몇 사람의 실루엣뿐이다.

칸딘스키에게는 음악이 그림의 영감이었고 그 소리의 인상이 바로 노란색 바탕의 '콘서트'였던 것이다. 유행 가요는 가사가 뜻을 전달하지만 심포니 오케스트라는 노랫말이 없다. 대신에 다양한 음색의 악기들이 저마다 소리를 내어 청중들의 마음을 사로잡는다. 칸딘스키가 오늘밤 나와 함께 '스노 콘서트'를 감상했다면 그 이미지를 어떤 색깔로 표현했을까.

나는 마음의 귀[心耳]를 크게 열고 스노 콘서트가 들려주는 소리의 향연에 취해 버린다. 그 음악 속엔 설해목 부러지는 소리가 삽입곡처럼 들리는가 하면 눈사태가 굉음을 일으키며 쏟아지기도 한다. 어느 누가 감히 함박눈 내리는 소리는 들리지 않는다고 했는가.

오늘처럼 눈 내리는 밤에는 꽁꽁 언 동치미 국물에 만 메밀국수를 안주로 찬 소주나 실컷 마셨으면 좋겠다. 이미 소주는 한 방울도 없다. 문틈으로 황소바람이 들어오는 외풍 센 방에 누워 백석의 시를 읊으며 다시 잠을 청한다.

가난한 내가/ 아름다운 나타샤를 사랑해서/ 오늘밤은 푹푹 눈이 나린다/ 나타샤를 사랑은 하고/ 눈은 푹푹 날리고/ 나는 혼자 쓸쓸히 앉어 소주燒酒를 마신다/ 소주를 마시며 생각한다/ 나타샤와 나는/ 눈이 푹푹 쌓이는 밤 흰 당나귀 타고/ 산골로 가자/ 출출이 우는 깊은 산골로 가 마가리에 살자(중략)/ 산골로 가는 것은 세상한테 지는 것이 아니다/ 세상 같은 건 더러워 버리는 것이다/ 눈은 푹푹 나리고/ 아름다운 나타샤는 나를 사랑하고/ 어데서 흰 당나귀도 오늘밤이 좋아서 응앙응앙 울을 것이다.

몽골 초원에서 듣는 파두

내 시계는 초원의 시간에 멈춰 있다. 시곗바늘이 가고 안 가고는 크게 문제가 되지 않는다. 문자판을 들여다보고 있으면 우리나라보다 한 시간 늦게 달리는 바늘은 보이지 않는다. 그곳에는 다만 쨍쨍 햇살 속으로 불어오는 바람이 흐느적거리며 몸을 비틀고 있는 풀꽃들의 바람기를 재촉할 뿐이다.

3박4일 일정의 몽골 여행을 다녀와서도 시곗바늘을 고치지 않았다. 초원의 시간에 머물러 있는 시곗바늘이 화들짝 놀라 제자리로 돌아오면 내 의식도 별 볼 일 없는 도시의 일상에 노예처럼 복무할 것이 두렵기 때문이다. 손목에 차고 갔던 시계를 서랍 깊숙한 곳에 감금해 버렸다. 더러 초원의 바람맞이 언덕에 서 보고 싶거나 이름 모를 야생화 향내가 코끝을 스쳐 지나갈 즈음에 바늘이 보이지 않는 그 시계를 꺼내 볼 참이다. 그것은 첫사랑의 연인이 보내온 연애편지를 읽고 또 읽는 것과 무엇이 다르랴.

옛 선비들은 늙어 거동이 불편할 정도로 나이를 먹으면 와유(臥遊)를 즐겼다. 벽에 한두 폭의 산수화를 걸어 두고 젊은 시절 금강산과 설악산 등 명산 협곡을 두루 돌아다닌 기억을 추억으로 재생하여 누워서 즐기는 것을 와유라고 했다. 나의 와유 아닌 좌유(座遊)는 초원의 시간이 오롯이 담겨 있는 낡은 여행 시계를 들여다보는 것으로 대체하면 어떨까 싶다. 그 시계 속에는 바람과 구름 사이로 떼 지어 몰려다니는 말과 양들이 보인다. 그뿐 아니라 앙큼한 계집 같은 야생의 꽃들이 루주만 살짝 찍어 바른 민얼굴로 샤넬 넘버5보다 더 짙은 향내를 풍기고 있다. 초원의 바람은 겸손을 가르쳐 주는 랍비다. 몽골 시를 자주 쓰는 박일환 시인의 〈키 작은 평화〉를 읽어보자.

> 몽골 초원에선 키를 낮춰야 한다/ 아름다운 풀꽃들도 함부로 키를 높이지 않고/ 땅과 가까이 붙어서 산다/ 그게 바람을 경배하는 자세임을/ 오래전부터 터득한 양과 염소들도/ 온종일 고개를 땅으로 향한 채/ 키 작은 평화를 제 입에 밀어 넣고 있으니/ 높아지기보다 넓어지려 애써 온/ 초원의 시간 (하략)

그러나 이 세상은 그렇게 단순하지만은 않다. 선함은 악함과 어울려 있기에 돋보이고 겸손 또한 오만과 뒤섞여 있기에 은은한 빛을 발하는 것이다. 초원의 바람은 햇빛과 물을 꼬드겨 작은 평화를 가르치는 것 외에 생존과 사랑의 법칙을 아울러 일러준다. 초원에서 풀꽃들에게 사랑하는 기술을 바람이 가르쳐 주지 않았다면 몽골의 사막화는 더 빠르게 진행되어 볼품없고 쓸모없는 땅이 되었을 것이다.

초원의 야생화는 일주일 단위로 번갈아 핀다. 한 번 피었던 풀꽃들이 일주일 만에 사그라지거나 죽지는 않는다. 다만 고개를 숙이고 키를 낮출 뿐이다. 그러면 다음 차례에 올라올 씨앗들은 바람 햇빛 물 등 생육에 필요한 요소들이 자신이 속한 개체 집단에 알맞고 유익한지를 점쳐 본다. 그런 연후에 자기네들끼리의 반상회를 통한 의결사항을 사발통문으로 돌려 '모월 모일 모시에 지각을 뚫고 일제히 일어서라.'고 명령한다.

이런 풀꽃 세상의 내막은 잠시 잠깐 지나쳐 가는 나 같은 방랑객들의 눈에는 보이지 않는다. 몽골 초원의 야생화에 심취한 일부 마니아들의 눈에만 보인다고 한다. 이렇게 노심초사하며 땅 위로 얼굴을 내민 풀꽃들은 아름다운 색깔로 화장하고 벌과 나비를 불러 모으기 위해 향수를 뿌린다. 그것으론 모자라 바람이 부는 대로 몸을 비비꼬며 애교도 부려야 한다. 그래야 짧은 기간 동안에 섹스 임신 출산 등 후손을 남길 준비를 완벽하게 마치게 된다.

이번 몽골 여행은 꼬박 사흘 동안 바람과 구름을 안고 오로지 야생화만 보면서 달리고 또 달렸다. 일반적인 몽골 여행의 필수코

스인 테렐지 국립공원, 고비사막, 홉스걸 호수, 말타기 등은 거들 떠보지 않고 오로지 초원만 달리다가 어두워지면 게르에 찾아가 먹고 마시고 잠잤다.

초원에서의 하루는 보인다고 다 보는 것도 아니고 보이지 않는다고 안 보는 것도 아니다. 지평선 너머까지 뻗어 있는 너무 밋밋하여 어찌 보면 게을러 보이는 구릉과 둔덕은 알고 보니 경전이자 지혜를 일러주는 심오한 말씀이었다.

"외로움에 젖었다고 술에 젖지는 말아라. 슬픔에 눌려 그림자에 끌리지 말아라. 가끔은 멍청해지고 가끔은 정신이 드는 이유를 깨달아라. 시간이 바람에 실려 간 후 너무 상심 말아라. 쓸쓸함 뒤에는 기쁨이 숨어 있음을 기억하라." 몽골의 음유시인이 읊었다는 시구가 초원의 메아리로 흩어진다.

CD소리통에선 포르투갈 전통음악인 파두FADO를 둘체 폰테스라는 파디스타(가수)가 아까부터 계속 부르고 있다. 파두는 슬픔이 손가락 끝으로 만져질 것 같은 끈적끈적한 음악이다. 몽골 초원을 달리며 듣는 파두는 와인과 치즈처럼 궁합이 절묘하게 맞아떨어지는 쓸쓸하고 황량한 그런 음악이다.

무덤 속에 나는 없네

 장맛비 내리는 이른 아침에 앉아서 중국 여행을 한다. 몸은 가만히 있고 마음만 떠나는 나만의 여행은 참으로 재미있고 멋지다. 생각나는 대로 달리고 기분이 내키면 멎고 제멋대로지만 자유로워서 참 좋다. 옛 시에 "좁은 방에서도 시름 모두 버리면 단청 올린 들보에 구름이 날고, 술 석 잔 마신 후에 참마음 얻는다면 거문고를 달빛 아래 비껴 타고 맑은 바람 속에 피리를 부네."란 구절이 기억나 이 아침의 생각 여행이 참으로 근사하다.
 오늘 여행의 종착지는 호남성 멱라현에 있는 마교라는 곳이다. 중국지도가 없어 그곳이 어딘지도 모르고 여태 가본 적도 없는 두메산골이다. 그렇지만 나는 간다. 다만 한소공이란 작가가 《마교사전》이란 그의 자전적 소설에서 일러준 단서를 나침판 삼아 허방을 짚어가며 그렇게 찾아간다. 생각은 항상 심속$_{心速}$으로 달리기 때문에 길이 멀고 험한 것은 크게 장애가 되지 않는다.

풍경만 보고 즐기는 여행은 초급이다. 그렇게 하느니 스위스의 풍광을 찍은 달력을 보는 것이 차라리 낫다. 여행하면서 풍경 속에서 사람을 만나면 중급이다. 사람은 풍경의 일부이기 때문에 만나는 그들이 여행의 진한 맛을 더해주는 경우가 왕왕 있다. 여기에다 음식을 곁들이면 최고급이다. "금강산이 식후경"이란 표현은 진부하지만 사실이다. 발정기의 암놈 새를 오만 아양을 떨어가며 초대한 수컷이 우선 무엇을 먹인 후 본론에 들어가는 동물의 왕국은 리얼리즘의 극치다. 나는 오늘 최고급 여행을 하려 한다.

사실 마교의 풍광은 별 것 아니다. 산천은 문화혁명을 거치는 기간 중에 벌거숭이로 변했고 강물 속의 민물고기와 주변의 풀꽃들만 아름다운 중국 강산을 유지하기 위해 안간힘을 쓰고 있다. 그러니 가난한 주민들의 먹거리라야 고구마 옥수수 따위가 고작이고 고기 맛을 보지 못한 얼굴들은 영양부족이란 붓이 아무렇게나 황칠한 푸르딩딩한 몰골들이다.

나는 오늘 마교 마을에 살았던 무공의 큰아들 염조를 만난 후 염자인지 염숙이인지 소설 속에는 이름을 밝히지 않은 그의 누나를 만나 긴 이야기를 나눴으면 한다. 염조의 누나는 예수와 석가가 실현하고자 했던 사랑과 자비 정신 모두를 합쳐도 따라잡기 힘든 일을 자진해서 실천하려 한 성인 반열에 드는 그런 여인이다. 내 혼자 생각이긴 하지만 만약 예수가 재림하여 이 땅에 다시 오

서서 그녀를 만난다면 두 손을 마주 잡고 진정 어린 목소리로 "언니야. 정말 마음고생이 심했제." 하고 위로해 줘도 그 고통이 풀릴까 말까할 정도이다.

염조의 누나는 가난한 동생 둘을 고향 마을에 두고 평강현으로 시집을 갔다. 동생들이 걱정되어 더러 친정에 들르면 온기 없는 빈방엔 식은 죽 그릇을 파리 떼가 차지하고 있었다. 이불도 하나밖에 없었다. 할 수 없이 한 이불을 장성한 오누이가 함께 덮어야 했다. 비가 억수같이 오는 밤, 발밑이 허전하여 누나가 일어나 보니 동생이 이불 밖에 쪼그리고 앉아 울고 있었다.

누나가 연유를 물었으나 대답 대신 부엌으로 나가 새끼를 꼬기 시작했다. 누나는 얼른 알아차리고 떨리는 손으로 동생을 끌어안으며 이렇게 말했다. "그래 참지 못하겠으면 그냥 모르는 사람이라 생각하고 한 번만이라도 여자의 맛을 느껴보렴." 누나의 속옷 매듭은 이미 풀려 있었다. 눈 덮인 쌍분 같은 흰 젖가슴이 동생의 눈 앞에 펼쳐져 있었다. "어서 이리 와. 한 번 그래 봐. 뭐라고 하지 않을게." 동생은 도망치듯 문을 박차고 뛰쳐나가 버렸다.

이튿날 아침 누나는 고구마 한 사발을 삶아 놓고, 해진 저고리를 빨고 기워 윗목에 접어두고 질척거리는 길을 따라 비바람과 함께 사라졌다. 누나는 다시는 마교 마을에 들르지 않았다. 동생도 그 일이 있고 난 후 입이 있어도 말하지 못하는 벙어리가 되어 마을 주변을 떠돌다 어느 비오는 밤에 바람처럼 사라져 버렸다. 그가 가는 곳이 어딘지는 아무도 몰랐다.

　장맛비 내리는 아침에 떠난 나의 마교 여행은 실패로 끝났다. 풍경도 그렇거니와 비바람 속으로 떠나 버린 염조와 그의 누나도 행적을 몰라 찾을 수가 없었다. 게다가 사람들을 만날 수가 없었으니 강냉이죽 한 그릇도 얻어먹지 못하고 그들 두 오뉘가 떠나버린 길을 따라 비바람을 타고 돌아올 수밖에 없었다.

　돌아오는 길에 나는 내내 울었다. 생애 동안 지금까지 읽었거나 들어온 이야기 중에 이보다 더 슬픈 이야기는 없었기 때문이다. 벙어리 염조를 생각하면 눈물 한 줄금 쏟아지고, 그의 누나를 떠올리면 목이 끅끅 막혀 빗길을 더이상 걸을 수가 없었다.

　갑자기 노래 한 소절이 비바람의 등을 타고 내 귀를 흔든다. 일본 가수 아키카와 마사후미가 부른 〈천의 바람이 되어〉란 애절한 노랫소리다. 전쟁터에 나선 어느 병사가 "자신이 죽으면 부모님께 보내 달라."며 써두었던 주머니 속의 시 한 구절이다. 그는 테러 전에 희생되고 말았지만 시는 노래로 다시 태어나 이렇게 심금을 울린다.

　"내 무덤 앞에서 울지 마세요. 거기에 난 없답니다. 잠들어 있지 않아요. 천의 바람이 되어 천의 바람이 되어 저 광활한 하늘을 건너고 있어요."

　마교 마을의 염조와 그의 누나도 무덤 속에 머물지 못하고 천의 바람이 되어 저 광활한 하늘을 떠돌고 있을 것 같다. 창밖에는 장맛비가 쏟아지고 비에 젖은 유리창도 나처럼 울고 있다.

벨라폰테의 '쿠쿠루 쿠쿠 팔로마'

찾아오는 이가 없다. 일가친척은 물론 친구들조차 발걸음을 끊고 있다. 형체도 없는 눈에 보이지 않는 바이러스가 고용하지 않은 수문장이 되어 현관문을 밤낮 지키고 서 있다. 사람이 오지 않으니 전화조차 뜸하다. 오고 가야 소통이 이뤄지는데 요즘은 너나 없이 만남이 없는 지겨운 삶을 살고 있다.

아니다. '아무도 오지 않는다.'는 것은 거짓말이다. 출입문은 아예 거들떠보지 않고 남쪽 창문 밖 에어컨 박스 위에서 서성거리는 손님 내외분은 하루도 빠짐없이 나를 찾아와 노래를 불러준다. 반가워서 창문을 열면 금방 달아나버리기 때문에 꾹 참고 노래가 그치기를 기다린다. 앙코르를 청하지 않았는데도 가사 한 줄 바꾸지 않고 계속 부른다. 꾸럭 꾸럭 꾸르르.

쉽게 끝나지 않을 노래의 끝나기를 기다리다 보니 그 속으로 빨려 들어가 나는 대학 캠퍼스 잔디밭에 앉아 친구들과 노래를 부르고 있다. 창문 밖 비둘기 손님이 부르는 노래의 제목은 해리 벨라폰테라는 미국 흑인 가수가 부른 〈Cucurrcucu paloma〉란 애절한 노래다. 그 노래는 사랑하는 연인을 떠나보낸 한 젊은 남자의 상심한 빈 가슴속에 비둘기로 돌아와 '사랑은 무엇이며 이별은 무엇인가.'를 노래한 아주 슬픈 멜로디의 노래다.

"그는 밤마다 울기만 했대. 밥은 먹지 않고 울기만 했대. 우는 소리에 하늘까지 온몸을 떨었대. 마지막 숨을 거두면서 그녀 이름만 불렀대. 아침이면 작은 문이 열려 있는 집에, 비둘기가 날아와 노래를 불렀대. 비둘기는 그의 영혼이래. 그녀가 돌아오길 아직도 기다린대. 쿠쿠루 쿠쿠, 쿠쿠루 쿠쿠 팔로마."

나는 그때 대학 2학년쯤이었나, 팝송을 좋아하는 친구 서너 명과 강의가 없는 시간에는 경북대 인문관 108호 앞 풀밭에 모여 앉아 노래를 불렀다. 벨라폰테는 우리가 입학하기 전인 1959년 4월 19일 흑인 최초로 카네기 홀에서 19개 곡을 불러 청중을 열광시켰었다. 곡목은 마틸다, 바나나 보트 송, 자마이카 페어 웰, 쿠쿠루 쿠쿠 등이었다.

벨라폰테는 1927년 뉴욕 할렘에서 태어났다. 그는 아프리카가 뿌리인 미국 흑인 즉 아프로 아메리칸(Afro american)이다. 그는 60년대부터 미리암 마케바 등과 많은 공연을 했으며 영화와 드라마에도 출연한 엔터테이너이다. 벨라폰테는 흑인뿐아니라 소수민족의 인권 보호에 관심을 갖고 백인들의 인종차별에 대항했다. 1986년엔 'We are the world'에 참여했으며 유니세프 친선대사를 지냈다.

그는 인류 언어의 최고 자리에 있는 시보다 노래를 한 수 위의 경지로 끌어올린 예술가다. 그가 부르는 노래는 듣고 그냥 어깨만 흔들며 즐기는 음악이 아니라 청중과 함께 놀면서 뛰고 고함지르며 춤추는 멋진 예술이다. 벨라폰테는 듣는 이들의 흥을 각각 다르게 불러오지만 정형화된 각본에 따라 진행하지 않는다. 그의 음악은 서양 음악이지만 우리의 판소리처럼 추임새가 들어가 놀이판의 상황에 따라 흥과 춤을 소환하고 대상에 따라 몸의 흔들림을 제멋대로 만드는 신명을 창출한다.

그것은 마치 건축가이자 민속학자인 속리산 에밀레 박물관장 고 조자용 스승님의 "춤은 배워서 추는 게 아니야."란 이론을 따르는 것 같다. 그가 부른 곡 중에 코튼 필드, 하바 나킬라, 성자 마을로, 라 밤바, 존 헨리 등을 들어보면 정치가 아무리 지랄 같은 개판이어도 이 세상이 왜 이렇게 아름다운지를 리듬과 소리가 알려준다. 벨라폰테의 노래는 모두 서양 각설이지만 비렁뱅이 각설이 타령이 아니다. 클래식 음악 그 이상이다.

나의 대학 친구 중에 한쪽 다리를 약간 절룩거리는 일신이란 친구는 벨라폰테의 '쿠쿠루 쿠쿠'를 아주 구성지게 잘 불렀다. 그 친구가 짝사랑했던 소녀에게 벼르고 벼른 끝에 고백 편지를 보낸 것이 퇴짜를 맞았다는 소문이 교실 안에 떠돈 적이 있었다. 그는 벨라폰테가 부른 이 노래의 주인공처럼 아프고 저린 가슴을 안고 불편한 다리를 원망하고 절망했으리라.

친구는 이 쿠쿠루 쿠쿠 노래의 중간 부분의 "juran que esa paloma"라는 스페인어 가사를 원음대로 발음하지 않고 '오랑케 씨팔 노마{놈아}'로 변형시켜 불렀다. 사랑을 받아 주지 않는 소녀에게 앙갚음하는 발악처럼 보였다. 친구의 짝사랑은 빗나간 열정이 몰고 온 한 편의 드라마지만 허허로운 가슴 속에 사랑을 갈구하는 한 마리 비둘기를 보듬어 키웠으니 그것 또한 얼마나 장한 일인가. 그는 오래 살지 못하고 일찍 죽었다.

아무도 찾아오지 않는 빈방에 앉아 비둘기 내외가 부르는 쿠쿠루 쿠쿠를 생음악으로 듣는다. 한참 듣고 있으면 비둘기로 변신한 벨라폰테의 노래이지 팔로마의 노래가 아니다. 음악의 힘은 참으로 위대하다. 이러고 있으면 세월은 거꾸로 흘러 내가 대학생이 되어 쿠쿠루 노래를 부르고 있다. 이 아름다운 시간 속의 꿈에서 깨어나지 않기 위해 더 큰 소리로 노래를 부른다. "야이 야이 야이 야이 야이 깐타바, Ay ay ay ay ay cantaba." 노래하며 울었대. 노래하며 흐느꼈대.

사랑하다가 죽어버려라

　병영에서 가장 부족한 것이 성性이다. 사병은 사병대로, 장교는 장교대로 성은 모자랄 뿐 넘치는 법이 없다. 그래서 막사의 밤이 자칫 남성끼리의 계간鷄姦으로 이어져 군기가 문란해 질까봐 군법은 "전시에 계간하는 자는 사형에 처한다."고 엄하게 다루고 있다.
　군에서 들은 이야기다. 전쟁 중에 치열하던 전투가 잠시 소강상태에 접어들면 사단 본부사령과 전속 부관들은 사단장을 비롯한 장군들의 성을 해결하기 위해 야간 조달 작전에 나서야 했다. 수송 작전에는 쓰리 쿼터와 드럼통이 주로 동원됐다. 아가씨들을 차 바닥에 앉히고 그 위에 숨구멍만 뚫어놓은 드럼통을 덮어 몰래 싣고 왔다가 일이 끝나면 다시 내보냈는데 이 작전은 전투보다 오히려 치열했다고 한다.
　지금은 전시가 아니어서 부사관 이상 장교들은 모두 출퇴근을 하기 때문에 병영에서의 성이 그렇게 희소가치가 높진 않다. 그런데도 최근 어느 부대에선 대대장이 예쁘게 생긴 병사를 자신의 사무실로 불러 상습적인 성추행을 했다는 보도는 뒷맛이 개운치 않다. 한술 더 떠 어느 군 출신 장관은 미국에서 온 린다 김이란 묘령의 여성에게 얼굴 뜨거울 정도의 구애 편지를 보낸 것이 들통나 나라의 군사기밀이 로비스트와의 섹스 대가로 빠져나가지 않을까 하는 걱정이 앞서기도 했다.

그러면 조선 시대 병영 안 성의 현주소는 어땠을까. 예나 지금이나 병졸들은 굶주리게 마련이었고 각 부대의 우두머리와 참모들은 성 밖의 창루 출입으로 가까스로 해결했을 것으로 보인다. 그러나 사령관에 해당하는 장군들은 드럼통 수송 작전을 하지 않아도 기생 애첩을 두고 사랑도 하고 시름도 달랬을 것이다.

임진왜란 당시 평양성을 지키던 김응서(1564~1624, 나중 김경서로 개명) 장군의 예를 살펴보자. 장군은 평양 기생 계월향桂月香을 정인으로 두고 지냈다. 전형적인 조선 미인인 월향은 장수의 기개가 남다르고 애국심이 투철한 장군을 사모하고 있었으며 장군 또한 기생이지만 몸가짐이 반듯한 그녀를 사랑했다.

임진왜란이 터지고 채 두 달이 되지 않아 고니시 유키나가의 선봉은 싸움 한번 하지 않고 평양성을 함락시켜 버렸다. 이 때 월향이도 포로로 잡혀 고니시의 심복인 고니시 히의 진중에 머무르게 되었다. 월향의 미모에 반한 왜장은 손아귀에 들어온 미색을 놓아

주지 않았다.

　몸을 도사리며 앙탈을 부려봤자 '얻을 것이 없다.'고 판단한 월향은 왜장에게 온갖 교태를 부리며 달아날 계책을 꾸미고 있었다. 월향은 평소 존경하며 사랑하고 있던 김응서 장군을 친 오라버니라고 속이고 막사 안으로 불러들여 술 취한 왜장의 목을 한달음에 베어버렸다. 장군은 거사 직후 월향과 함께 탈출을 시도했지만 말을 탈 줄 모르는 여인을 데리고 성 밖으로 나갈 수가 없었다. 혼자 남은 월향은 장군이 떠나자 자결하고 만다.

　왜장의 피살 소식이 진영 안으로 퍼지자 병사들의 사기가 꺾여 평양성은 함락 육 개월 만에 수복됐다. 이는 김응서 장군이 뿌린 사랑의 씨앗이 아름다운 결실을 맺은 것이다. 월향은 진주 남강에서 왜장 게야무라를 껴안고 투신한 논개와 더불어 조선시대 양대 의기(義妓)로 손꼽히고 있다. 만해 한용운은 〈계월향에게〉라는 흠모시를 이렇게 읊었다.

　계월향이여, 그대는 아리따웁고 무서운 최후의 미소를 거두지 아니한 채로 대지의 침대에 잠들었습니다. 나는 그대의 다정을 슬퍼하고 그대의 무정을 사랑합니다. 대동강에 낚시질하는 사람은 그대의 노래를 듣고 모란봉에 밤놀이하는 사람은 그대의 얼굴을 봅니다. 아이들은 그대의 산 이름을 외우고 시인은 그대의 죽은 그림자를 노래합니다. 그대의 붉은 한은 현란한 저녁놀이

되어서 하늘길을 가로막고 황량한 떨어지는 날을 돌이키고자 합니다. 나는 황금의 소반에 아침볕을 받치고 매화 가지에 새봄을 걸어서 그대의 잠자는 곁에 가만히 놓아 드리겠습니다.(하략)

 월향이란 기생이 목숨을 걸고 사랑한 김응서 장군은 어떤 사람이었을까. 최근 계월향의 초상화가 발견되어 장안에 화제를 불러일으켰지만 장군의 초상은 전해오는 것이 없어 다만 역사적 사실에 기초하여 유추 짐작만 해 볼 뿐이다. 모르긴 해도 짙은 눈썹에 구레나룻 수염이 무성한 전형적인 호남이었을 게다. 거기에다 의리가 지주가 되어 그의 인간됨을 받치고 있었기 때문에 월향과 같은 기생이 목숨을 걸었을 것으로 보인다.
 장군의 품성은 임진왜란이 발발한 후 아버지가 타계했단 부고를 받고도 군영을 떠나지 않았으며 이태 뒤 어머니가 사망했을 때도 고향으로 돌아가지 않을 정도로 강직했다. 장군은 해야 할 일과 하지 않아야 할 일을 분명히 구분했다. 그러니까 월향을 대할 때도 기생의 신분을 천하게 여기지 않았으며 사랑을 할 때도 마음을 얹어 사랑을 했을 것이다.
 기생은 자신을 알아주는 사람에겐 생명도 줄 수 있지만 돈으로 환심을 사려는 남자에겐 몸은 주어도 마음은 주지 않는 법이다. 월향이는 "사랑하다가 죽어버려라"는 시구詩句를 사백여 년 전에 몸으로 실천한 조선 최초의 여자다. 월향이를 한 번쯤 만나보고 싶다.

강가에서의 귀양살이

　고향을 떠날 때 "다시 돌아오마." 약속하고 떠나왔다. 고향과의 언약이 거짓부렁으로 끝나지 않도록 내 딴에는 열심히 노력했다. 그러나 서산에서 퍼져오는 땅거미의 흐린 기운이 황혼의 장막처럼 발밑에 서서히 깔리는 데도 나는 아직 돌아가지 못하고 있다. 고향을 떠나온 후 이 도시와 맺은 새로운 인연이 발목을 잡고 놓아주질 않기 때문이다.
　내 의식은 고향 강가에서 성장했고 품성도 그곳에서 키워졌다. 고향을 떠나왔지만 한 번도 고향을 잊은 적이 없다. 더욱이 그곳을 떠나올 때 강물에 새끼손가락을 걸며 맹세한 약속 또한 파기한 적이 없다. 그런데도 나는 아직 여기에 머물러 있다.
　귀향의 꿈을 접고 나니 고향은 더욱 가까이 다가와 망막의 끝에서 아물거리고 회상 속의 그리운 시간들은 해 질 녘 언덕 위에 서 있는 사람의 그림자처럼 제 키만 키워 갈 뿐이었다. 그래서 사람들은 떠나온 고향은 찾아갈 수 있는 땅 위에 없고 다만 기억 속으로만 존재한다고 말한다. 나는 아직도 고향의 하늘 색깔과 햇볕 그리고 바람 부는 날 강물이 우는 소리까지 선연하게 기억하고 있는데 그리운 그곳으로 돌아갈 수 없다니 참으로 안타깝다.

오후 늦은 시각, 아늑한 강 마을에 저녁연기가 피어오르는 곳을 지나칠 때면 모든 것 팽개치고 주저앉아 살고 싶을 때가 있다. 그리고 강 언덕에 서 있는 정자에 오를 때도 세상 인연 모두 접어버리고 막걸리 잔 앞에 놓고 음풍농월하면서 남은 세월 그렇게 보내고 싶을 때가 허다하다. 그러나 고향의 출입문은 나올 땐 쉽게 열려도 다시 들어가려면 덧문부터 굳게 잠겨 있어 보통 열쇠로는 좀처럼 열리지 않는다.

다산은 자신이 속해 있던 신서파의 뒤를 봐주던 번암 채제공 대감이 세상을 뜨면서 반대파에게 밀리게 된다. 수세에 몰린 다산은 1800년 초봄 가족을 이끌고 태어난 고향인 소내 마을로 돌아온다. 다산은 작은 낚싯배 하나를 띄우고 강물 위를 떠다니며 고기를 잡으려던 소박한 꿈을 꾸지만 그 소원조차 이뤄지지 않는다. 다산이 낙향한 그해 여름 열렬한 후원자였던 정조 임금마저 세상을 버리자 감옥에 갇히는 신세로 전락하고 급기야는 18년이란 기나긴 귀양살이를 하기 위해 고향을 떠나게 된다.

조선조 영조 때 실학자인 이중환은 이인복 오광운 등과 어울려

북악산 자락 백운봉에 올라 시사詩社를 결성한 적이 있다. 이들 백련시사 동인들은 '산수山水는 선비들이 당연히 돌아가야 할 곳'이라고 믿고 몸과 마음을 의탁할 곳을 찾아 방방곡곡을 헤매고 다녔다. 청담 이중환의 팔도유람기인《택리지》도 바로 이때의 소산이다.

이들의 동시대인이자 선배였던 성호 이익과 두어 세대 뒤에 태어난 다산은 산수를 '선비들이 돌아가야 할 곳'으로는 보지 않았다. 특히 누구 못지않게 명산을 좋아하여 명승지의 풍광을 구경하러 다녔던 이익은 "선비가 산수 간으로 돌아가 세속과 거리를 두는 일은 몸으로 할 일이 아니라 마음으로 해야 할 일"이라고 분명하게 말한 적이 있다.

성호는 학문과 생각의 깊이가 깊어서 그랬을 것이며, 다산은 오랜 유배 생활에 심신이 지쳐 가족들이 있는 곳에서 한 발짝도 떼기 싫었을 게 분명하다. 이익과 이중환 이인복이 올라 본 적이 있는 산영루山映樓라는 정자에서 다산은 자주 시를 읊었다. 정자는 북한산 태고사 계곡과 중흥사 계곡이 만나는 지점에 있었는데 지금은 주춧돌만 남아 있다. 이중환이 이곳을 좋아하여 산영루 밑의 맑은 소 청담淸潭을 자신의 아호로 삼은 곳이다.

그러고 보니《택리지》의 저자 이중환은 '선비들이 살 곳'을 찾아 길 떠난 지가 오래인데 나도 그들처럼 산수 간으로 숨어들고 싶다. 정말이지 세속과 거리 두는 일을 몸으로 하고 싶은데 이렇게 도시의 그늘 밑에 좌판을 펴고 퍼질러 앉아 돌아가지 못하고 있으니 처량하고 괴롭다. 차라리 이를 바에야 어느 이름 모를 강가에서 귀양살이나 했으면.

지족 선사와 동백사 주지

 "내, 너를 만나 깨달음을 얻었노라. 황진아, 너는 나의 경전이며 염불이다. 너는 내가 찾고 있던 부처의 산 모습이다."
 송도 기생 황진이가 주인공으로 나오는 이야기 속에 조연으로 등장하여 항상 피탈 칠만 했던 지족 선사의 속마음을 헤아려 본 이는 과연 몇이나 될까. 지족 선사는 견성성불하기를 기다려 온 삼십 년 참선 세월을 황진이를 만난 하룻밤 파계로 영영 구제받을 수 없는 패륜 승려로 팽개쳐졌다.
 지족 선사는 당시 화담과 쌍벽을 이루는 학식과 지혜가 뛰어난 승려로 누구에게나 우러름을 받아온 유명 인사였다. 그는 선승으로 기거하고 있는 지족암을 한 발자국도 벗어나지 않았으며 '무無'자와 같은 풀리지 않는 화두 하나를 들고 용맹정진하고 있었다. 그는 꼬드김이나 유혹에 쉽게 넘어갔다가 입 닦고 돌아앉아 아무 일 없었던 것처럼 시치미 뗄 그런 위인은 아니다. 그의 앞에 일어날 사악한 일은 시초부터 경계했으며 특히 여자 중생은 선에 방해될까 봐 주위에서 얼씬거리는 것조차 싫어했다.

그런 어느 날 서화담에게 접근하다 실패한 황진이가 지족 선사를 다음 목표로 겨냥하고 다가왔다. 황진이는 선사의 제자가 되어 수도하기를 청했다. 그러나 지족은 일언지하에 거절했다. 이때까지만 해도 그는 숭앙받는 승려로 남아 있었다.

가만히 있을 황진이가 아니었다. 며칠 후 소복단장에 청춘과부의 복색을 하고 선사 바로 옆방에 침소를 정한 후 죽은 남편을 위한 백일기도에 들어간다는 소문을 냈다. 그녀는 야심한 밤에 손수 지은 축원문을 울음 섞인 나긋나긋한 음성으로 읽으니 그 목소리가 하도 맑고 청아하여 법당에 앉아 있는 부처님조차 항마촉지인을 풀고 귓가에 손을 갖다 댈 정도였다.

지족 선사도 승려 이전에 남자였다. 지족 선사는 참으로 인간적인 사람이다. 그가 "여자를 보고 음욕을 품는 자마다 마음에 이미 간음하였느니라."라는 마태복음 5장 28절의 말씀을 읽지는 못했겠지만 생각만큼은 그 언저리에 도달하지 않았을까. 그래서 선사는 마음으로 간음하느니 차라리 실행에 옮겨 욕을 먹으면 먹고 역사에 죄인이 되면 되는 이판사판의 길을 택한 것은 혹시 아니었을까. 따지고 보면 그것이 얼마나 인간적인가. 무슨 일이 터질 때마다 거짓말하고 오리발 내미는 우리나라 정치인들보다는 백배 천

배 양심적이다.

　지족 선사는 파계한 후 제 발로 지족암을 내려와 야인의 길을 걸었다. 그는 황진이를 범한 오입쟁이가 아니라 한 시대의 풍류객이다. 난봉꾼은 여러 여자를 건드리지만 진짜 풍류객은 단 한 사람을 위해 자신의 생명과 명예를 던진다. 지족 선사는 그런 사람이다.

　나는 지족 선사를 존경한다. 입맛에 딱 맞기 때문이다. 견성성불이 별것이며 해탈이 별것인가. 황진이의 살 속에 선사의 살을 박는 순간 해탈은 이미 시작되었고 그리고 완성되었다. 지족 선사는 황진이를 만난 후 번뇌의 껍데기를 벗어 던진 대자유인이 되었다. 고뇌 또한 별것 아니다. 해탈하기 전의 근심거리이지 해탈 후엔 번뇌란 단어 자체가 무의미하다. 신라 승려 원효도 허리춤에 조롱박을 차고 뛰고 춤추며 서라벌 장안을 돌아다닌 것은 해탈의 무한 바다에서 자유스런 유영을 즐긴 것에 다름 아니다.

　지족 선사도 파계하기 전에는 경전과 불법에 얽매여 있던 작은 암자의 '늘푼수'없는 땡초에 불과했다. 그는 황진이를 만나 해탈했고 진짜 부처가 되었다. 한 여인을 만나 모든 것을 던진 영원한 풍류객 지족 선사가 한없이 그립고 부럽다.

　남도 여행을 하다 지족선사와 비슷한 선승 한 분을 만난 적이 있다. 그는 진도군 지산면 지력산 밑에 있었던 동백사 주지였다. 스님은 득도하기 하루 전날 밤 염불을 읊던 중에 잠시 졸았는데 "스님 스님, 저 왔어요."하는 여인의 소리에 깜짝 놀라 법당문을 열었다. 마당에는 속세에서 사랑했던 여인이 소복 차림으로 서 있었다.

너무 반가워 목탁자루를 관세음보살을 향해 던져 버리고 맨발로 뛰쳐나가 여인을 맞아들였다. 수행도, 해탈도, 성불이 되려는 욕심까지 모두 날아가 버렸다. 남은 건 법당 안 삼존불 앞의 벌거벗은 두 육체뿐이었다. 보디빌더 선수처럼 온몸에 금색 칠을 하고 앉아 있는 부처님은 염주를 돌리고 있던 손을 풀지 않고 가만히 내려다보고 있는데 하늘이 먼저 노했다. 폭풍과 벼락 천둥을 내려보내 동백사 법당을 작살내 버렸다.

절집 안에 있던 모든 것들이 산지사방 흩어졌다. 주지 스님의 가사는 날아가 가사도가 되었고, 장삼은 장산도가 되었다. 스님이 벗어둔 하의는 하의도로, 여인의 은장도는 장도로, 주지와 여인이 운우지정을 나눌 때 박자를 맞추던 목탁은 불도로 날아가 석가탑은 파도가 심할 땐 목탁 소리를 낸다나 어쩐다나. 지금도 궂은비가 내리는 날이면 해무 속에 음기가 서려 주지도가 남근바위로 불끈 일어서곤 한다.

여행에서 돌아오니 지족선사 외에 존경해야 할 스님이 또 한 분 늘어났다. 바로 동백사 주지다. 두 스님들은 사랑을 위해 몸과 목숨을 던질 줄 아는 멋쟁이다. 어쩌면 나와 첫 만남 순간에 필이 꽂혔던 걸레 스님 중광도 그 패거리의 후예일 것 같다. 나무관세음보살 타불 타타불!

돼지국물 선언문

　술이 떨어지면 처량해진다. 마시던 술을 더이상 마실 수 없게 되면 애통하고 슬퍼진다. 장거리 산행 중 배낭 속에 넣어간 술이 모자랄 경우에는 쉽게 포기할 수 있다. 갈 길이 먼데다 가게 있는 곳까지 내려가려면 올라올 길이 막막하기 때문이다.
　주변 친구들이 마음에 들어 한창 술이 당길 때 외상을 주지 않는 낯선 술집에서 돈이 없어 술을 더 마시지 못하게 된다면 이처럼 난감한 일은 없다. 이 상황은 슬프긴 한데 눈물은 나지 않는다. 눈물 대신 '씨부랑탕!' 하고 욕이 튀어 나온다. 찌그러진 막걸리 주전자를 발로 차고 싶고 서 있는 전봇대를 안다리 걸기를 해서라도 넘어뜨리고 싶은 그런 심정이다.
　슬픔의 종류에는 여러 가지가 있다. 어머니의 임종, 연인과의 이별, 예고 없는 실직, 강아지의 죽음 등등. 손가락으로 꼽으라면 모자라 발가락이 동원되어야 하겠지만 대체로 구분하면 단순 슬픔과 복합 슬픔으로 나눌 수 있을 것 같다. 그걸 다르게 표현하면 눈물이 나오는 슬픔과 욕이 나오는 슬픔으로 나눌 수 있다. 슬픔의 미학을 꽤 재미있게 해부한 결과라면 남들이 웃지 않을까.

가난한 화가 빈센트 반 고흐가 창녀 크리스틴의 축 처진 젖가슴이 드러난 알몸을 스케치한 후 〈슬픔〉(sorrow)란 제목을 붙였다. 일본의 여류 작가 에쿠니 가오리는 "이 세상에서 가장 슬픈 풍경은 도쿄 타워에 비가 내리는 것"이라고 쓴 적이 있다. 두 사람 모두 자신의 슬픔을 창녀의 알몸과 비 맞은 탑에 투영시켜 예술로 승화시켰다. 그러나 아무리 생각해 봐도 술을 마시고 싶은 간절한 소망이 좌절되었을 때의 슬픔과는 비교가 되지 않는다.

자, 슬픔의 현장으로 달려가 보자. 대학 일 학년 여름이었던가. 친구 넷이 모여 호주머니를 다 뒤져 봐도 돈은 달랑 백 원뿐이었다. 당시 염매시장 돼지국물집 막걸리 한 잔 값이 십 원이었던 시절이다. 흥정을 잘하는 얼굴 두꺼운 친구가 백 원을 미리 내고 막걸리 열두 잔을 마시기로 합의를 보고 각자 석 잔씩 마셨다.

평생 살아오면서 술이 떨어져 처량해진 경우를 당한 적이 한두 번 아니다. 그러나 이날만은 연년세세 잊히지 않는 국치일 같은 날로 지금도 생생하게 기억하고 있다. 그때 우린 술을 마신 지가 얼마 되지 않은 풋내기들이었지만 막걸리 두어 되는 마셔야 술 트림이 날 정도였다.

안주라고는 시어 빠진 먹다 남은 김치 쪼가리와 소금을 친 돼지 국물뿐이었지만 쉽게 엉덩이가 떨어지지 않아 뭉그적거리며 앉아 있었다. 막걸리 낱잔으론 술이 턱없이 모자라 입맛만 쩍쩍 다시고 있어도 장고 통같이 생긴 여주인은 낡은 부채로 파리를 잡는다고 허공에 대고 헛손질만 하고 있을 뿐 우리를 향해 눈길 한번 주지 않았다.

친구 넷 중 아버지가 없는 아이는 나뿐이었으나 셋은 아버지가 계셔도 집을 나갔거나 중풍이 들어 거동이 불편하여 있으나 마나 한 그런 처지였다. 우린 가난 속에서 몹시 허기져 있었고 고기를 먹어 본 지가 모두들 오래된 듯했다.

우리가 막걸리를 마시며 홀쩍거리던 그 돼지국물 속에 썰다 남은 돼지비계 한 모타리라도 넣어 주었다면 그동안 수십 년 세월이 흐른 지금 이 시각에도 그 여주인을 기억하고 있을 것이다.

만약 그렇게 했다면 우린 그 주인의 복스럽게 생긴 통통하게 살찐 손을 향해 "한 이백 년 정도 사시라."는 진정어린 축원기도를 올렸을 텐데. 단언하거니와 그날 만났던 뚱보 아지매는 우리의 축원이 얹어주는 장수는커녕 사주에 얹어준 제 수명대로 살지 못하고 펑퍼짐한 살찜만 앞세우고 일찍 이승을 떴으리라.

요즘도 장거리 여행이나 유적답사를 갔다 늦게 돌아오는 날은 돼지국밥집을 찾아간다. 국밥과 함께 막걸리가 나오면 나만의 의식을 엄숙하게 거행한다. 애국가와 국기에 대한 경례는 생략한다.

먼저 간 선열들의 묵념 순서에는 똥보 여주인을 떠올리며 '오등은 자에 아! 그 날 돼지비계 한 모타리를 국물 속에 던져 넣어 주지 않았던 디룩디룩 아지매 어쩌구 저쩌구'란 내가 지은 '돼지국물 선언문'을 기미독립선언문처럼 읊조리며 잠시 고개를 숙인다.

참을 수 없는 정조의 가벼움

역사책을 읽을 때마다 진도가 잘 나가지 않는다. 헷갈리는 곳도 있고 나름대로 수정 보완해야 할 부분이 많기 때문이다. 최근 성현이 지은 《용재총화》의 어을우동 편과 세종 조에 나라를 떠들썩하게 했던 유감동의 이야기를 읽다가 두 여인의 맘속으로 너무 깊숙이 들어가는 바람에 몇 며칠 동안 머리가 혼란스러웠다.

한 여인은 남편에게서 소박을 맞고 또 다른 여인은 무뢰배에게 겁탈을 당한 후 집에서 뛰쳐나와 벌인 남성 편력이 시대와 너무 동떨어진 기행이어서 충격이었다. 그리고 두 여인이 비슷하게 저지른 행위에 대해 성종은 교수형을, 세종은 변방으로 내쫓는 유배형으로 마무리 지었다. 죄질에 대한 형벌은 온당한지 그것도 의문스러웠다.

무거운 머리를 겨우겨우 수습하여 다음 장을 펼치니 정조를 지킨 기생이 사후 정려문을 하사받았다는 이야기가 춘향전보다 더

진한 감동으로 발목을 잡고 늘어진다. 앞서 말한 고을 원의 부인들은 이런저런 이유로 창기로 전락하고 말았는데 정조라는 낱말이 태생적으로 어울리지 않는 관기가 일부종사로 수절을 했다니 정말 장한 일인지 판단이 서질 않는다.

조선조 사대부들은 기생의 정조를 보호할 가치가 있는 품목으로 여기지 않았다. 자신이 취해도 되고 타인에게 대접해도 그만이며 짓밟다가 버려도 아무 상관 없는 것으로 간주했다. 그러나 사려 깊은 선비들은 기생과 사랑을 나누면서 아름다운 꽃으로 인정했고 어떤 이는 기생의 정조를 건드리지 않았다. 또 어떤 이는 죽을 때까지 기녀와의 사랑을 못 잊어 그리움을 안고 떠나기도 했다. 퇴계 율곡 주세붕 등이 그런 선비들이다.

일선一仙은 조선조 현종 때 함경도 단천군에 소속되어 있던 관기였다. 관노인 어머니를 따라 어릴 적부터 허드렛일을 하며 자랐다. 그녀는 16세 때 새로 부임해온 군수의 아들 기인을 만난다. 흔히 사랑이 눈으로 오듯 두 사람은 처음 보는 순간 잃어버린 신발 한 짝을 찾은 듯 얼어붙고 만다. 일선은 거문고를 잘 탔고 기인은 퉁소를 잘 불었다.

어느 늦은 밤, 공부를 하고 있던 기인은 달빛에 실려 온 거문고 소리에 홀려 문밖을 나선다. 마을 앞 냇가에서 들려오는 거문고 소리는 청아하면서도 애절한 떨림이 있었다. 일선의 연주가 잠시 머뭇거리자 기인은 단소를 꺼내 거문고와 퉁소의 합주곡인 매화삼롱梅花三弄을 불기 시작했다. 단소 연주가 그치면 이내 거문고가 따라붙었고, 거문고가 잠시 숨을 고르면 피리가 물고 넘어졌다. 그것은 마치 애정에 겨운 남녀의 들숨과 날숨이 묘한 조화를 이뤄 아찔한 고개를 넘어가는 듯했다. 실제로 이날의 금소琴簫합주가 두 사람의 영혼을 서로 교감케 하여 긴 시간의 탐색이 필요 없는 즉석 교합을 이루게 했다.

사랑에는 이별이 필수인가. 기인이 스물두 살 되던 해 진사시험에 합격하여 성균관에서 공부를 하기 위해 한양으로 떠나게 된다. 일선은 마운령까지 따라가 배웅하면서 서로의 머리털을 잘라 동심결을 맺으며 "잊지 말리라." 언약한다. 그러나 벼슬길에 오른 임은 돌아오지 않았다.

그런 어느 날 단천에 안찰사가 순시를 왔다. 주석에서 일선을 본 안찰사가 마음에 들어 하자 군수는 수청을 들라는 명을 내린다. 일선은 몸이 아프다는 핑계로 거절하자 난처해진 군수는 당장 잡아 오라고 고래고래 고함을 지른다. 그러나 나졸들이 몰려오자 일선은 우물 속으로 뛰어들어 끝까지 저항한다.

일선은 동심결을 꺼내 보는 것으로 그리움을 달랬다. 그런데 어느 하루는 애지중지하던 사랑의 정표를 꺼내 보니 머리털이 새하얗게 변해 있었다. 아니나 다를까 기인의 사망을 알리는 부음이 날아들었다. 일선은 금비녀 판 돈을 노자로 삼아 걸어서 한양으로 떠났다. 그녀는 본부인과 시어머니의 갖은 구박을 참으며 삼년상을 끝내고 단천으로 돌아와 평생 첫사랑의 연인 기인만을 그리워하다 생을 마쳤다.

단천군에서는 일선의 기막힌 사연을 적어 정려문을 내려 달라는 상소를 올렸다. 이를 받아든 예조좌랑 김만중(〈구운몽〉의 저자)은 예조판서를 비롯한 당상관들을 설득하여 정조를 지킨 기녀에게 열녀비각을 내려주었다.

책에서 이런 대목을 만나면 몹시 당황스럽다. 관기의 본분과 도리는 주연이 벌어지면 술을 따르고 노래하고 춤춰야 한다. 그리고 수청을 들라면 수청을 드는 게 당시의 관례였다. 따라서 일선이 정조를 지키기 위해 우물 속으로 달아난 행동은 기녀로서 직무유기임이 분명하다.

내가 구백여 년 전의 일을 두고 가타부타 이의를 달면 시민단체들이 피켓을 들고 벌떼처럼 들고일어날 것은 너무나 뻔하다. 그래서 저승에 계시는 판사에게 기생의 정조에 대한 견해를 물어보기로 했다. 그는 1955년에 있었던 세칭 '춤바람 난 자유부인 사건'을 맡아 "법은 보호할 가치가 있는 정조만 보호한다."는 명판결을 내린 권순영 판사다.

권 판사는 카바레를 돌아다니며 칠십여 명의 부녀자들을 농락한 박인수라는 한국판 돈판에게 "도덕적 죄(sin)는 저질렀어도 법률적 죄(crime)는 아니다."라며 무죄를 선고한 바 있다. "판사님, 기생의 정조는 보호할 가치가 있습니까 없습니까." "뚜뚜뚜." "잘 안 들립니다." 요즘 세상에 만연하고 있는 참을 수 없는 정조의 가벼움들. 에끼.

구활 수필집
괴짜들의 낭만과 풍류

인쇄 2024년 11월 5일
발행 2024년 11월 10일

지은이 구활
발행인 서정환
펴낸곳 수필과비평사
주소 서울시 종로구 삼일대로 32길 36(익선동 30-6 운현신화타워) 305호
전화 (02) 3675-3885 (063) 275-4000 · 0484
팩스 (063) 274-3131
이메일 essay321@hanmail.net
출판등록 제300-2013-133호
인쇄·제본 신아출판사

저작권자 ⓒ 2024, 구활
이 책의 저작권은 저자에게 있습니다. 서면에 의한 저자의 허락없이 내용의 일부를 인용하거나 발췌하는 것을 금합니다.
COPYRIGHT ⓒ 2024, by Gu Hwal
All right reserved including the rights of reproduction in whole or in part in any form.
저자와 협의, 인지는 생략합니다.
잘못된 책은 바꿔 드립니다.

ISBN 979-11-5933-555-6 03810
값 16,000원

Printed in KOREA